Rainer Kirsch
Werke I

Rainer Kirsch

Gedichte & Lieder

Werke / Band I

Eulenspiegel Verlag

Ausflug machen

Gedichte 1959–1979

Gedichte von 1959 bis 1964

Einigen Vätern

Bring deinem Kind nur bei
Daß Eulen häßlich sind
Nachtvögel
Und beim Ruf des Käuzchens muß einer sterben ...
Bring ihm nur bei:
Raben sind böse
Ein schwarzer Rabe
Unglücksbote, schwarz ...
Bring ihm nur bei:
Totschlagen.
Und lehr es:
Die Welt ist so eingerichtet
Von alters her.

1959

Picasso: Sylvette im Sessel

Sylvette, angetan mit ihrer Haut
Sitzt ganz gerade in Picassos Holzsessel.
Stützt den Arm auf die geschweifte Lehne
Hält den Ölzweig wie ein Szepter
Sitzt auf einem Thron.

Keinen Sessel hat Sylvette zu Haus
Keinen gepolsterten, keinen aus Holz.
Weiß nicht, wie ein Thron aussieht;
Ihr Märchenbuch mußte den Ofen heizen.
Pablos Sessel ist ihr Thron.

Welcher König auf seinem Thron
Nackt auf seinem goldnen Thron
Könnte so sitzen, wie Sylvette sitzt
Ganz gerade in Picassos Holzsessel
Sylvette, angetan mit ihrer Haut?

1962

Alte Kisten

Alte Kisten stehn vor meinem Fenster
Wohlgestapelt, damit keine fällt
Längst vom nassen Regen morschgelaugt
Noch nicht schlecht genug, sie wegzuwerfen.

Um uns im Gedächtnis einzuschärfen
Wie lang Altes, das zu nichts mehr taugt
Uns den Blick zum nächsten Haus verstellt
Stehn sie wie lebendige Gespenster.

1962

Ausflug machen

Na, wohin gehts?

In den Eichenwald, in den Eichenwald
Der graue Kuckuck ruft dort bald.

Wünsch eine gute Fahrt!

Na, wohin gehts?

In den Fichtenwald, in den Fichtenwald
Wo Goldhahns und Kreuzschnabels Stimmlein schallt.

Wünsch eine gute Fahrt!

Na, wohin gehts?

In den Buchenwald, in den Buchenwald
Dort pfeift der warme Wind so kalt
Dort schmeckt die Luft so seltsam süß
Dort riechts so stark nach Paradies
Dort ist der schwarze Rauch zu sehn
Dort pfeift der Wind, der Rauch bleibt stehn
Dort weht der Wind schon siebzehn Jahr
Dort schreit der Rauch wohl immerdar.

Wünsch eine gute Fahrt!

1962

2005

Unsre Enkel werden uns dann fragen:
Habt ihr damals gut genug gehaßt?
Habt ihr eure Schlachten selbst geschlagen
Oder euch den Zeiten angepaßt?

Mit den Versen, die wir heute schrieben
Werden wir dann kahl vor ihnen stehn:
Hatten wir den Mut, genau zu lieben
Und den Spiegeln ins Gesicht zu sehn?

Und sie werden jede Zeile lesen
Ob in vielen Worten eines ist
Das noch gilt, und das sich nicht vergißt.

Und sie werden sich die Zeile zeigen
Freundlich sagen: »Es ist so gewesen.«
Oder sanft und unnachsichtig schweigen.

1962

Meinen Freunden, den alten Genossen

Wenn ihr unsre Ungeduld bedauert
Und uns sagt, daß wirs heut leichter hätten
Denn wir lägen in gemachten Betten
Denn ihr hättet uns das Haus gemauert –

Schwerer ist es heut, genau zu hassen
Und im Freund die Fronten klar zu scheiden
Und die Unbequemen nicht zu meiden
Und die Kälte nicht ins Herz zu lassen.

Denn es träumt sich leicht von Glückssemestern
Aber Glück ist schwer in diesem Land.
Anders lieben müssen wir als gestern
Und mit schärferem Verstand.

Und die Träume ganz beim Namen nennen;
Und die ganze Last der Wahrheit kennen.

1962

Gespräch

Alle
Werden von unseren Äpfeln essen?

Alle.

Wir haben den Stamm geleckt, daß er wuchs
Werden die Speichellecker sagen.

Das ist wahr. Arbeite. Vergiß den Leimring nicht.

Wir haben den Wind erzeugt, der die Blüten befruchtet
Werden die Gebetsmühlendreher sagen.

Das ist wahr. Kümmere dich um die Bienen.

Wir haben im Frühjahr den Baum geweckt
Werden die Hymnenmacher sagen.

Das ist wahr. Wenn der Nachtfrost kommt, zünde ein
    Rauchfeuer an.

Groß und rotbäckig wie nie leuchten durch uns die
    Früchte
Werden die Erfolgsmelder sagen.

Auch das ist wahr. Grab tief genug. Gib Dünger in
    rechter Gabe.

Und nur wir sollen arbeiten?

Wer soll arbeiten, wenn nicht wir?

1962

Empfang in meiner Heimatstadt

Mit Teppichen sind die Bahnsteige belegt.
Birkengrün: Ein halber Wald wurde geopfert.
Angetreten ist das Spalier zarthäutiger Ehrenjungfrauen.
Einsetzt die Kapelle. Die Schulklassen jubeln.

Ausgestattet bin ich mit aller Machtvollkommenheit.
Erhoben bin ich auf freiwillige Hände.
Auf Knien und blausamtenem Kissen
Übergibt mir der Bürgermeister die Schlüssel der Stadt.

Absetz ich den Bürgermeister wegen Nachlässigkeit.
Die Fabrikdirektoren beschimpf ich: Sie brachten den
    Plan nicht.
Die Bewohner der Stadt ruf ich auf
Fragen frag ich, und Reden entfahrn mir wie Feuer:

Zuwenig Licht in den Straßen: Warum?
Zuviel Staub in der Atemluft: Wie lange noch?
Dieser nervtötende Chlorgestank aus den Wasserwerken:
    Wem nützt das?
Diese geräuschanfälligen Neubauten: Wer ist schuld?

Ja, Schuldige such ich, ich kehr mit eisernem Besen
Einen Pranger errricht ich:
Wer ließ da die Straße aufreißen fünfmal zum Verlegen
    verschiedener Rohre?
Wer plante die Häuser bergwärts, daß kein Wasser die
    Hähne erreicht?

Mit der List des Kalifen durchschleich ich die Stadt;
Im Wohnungsamt hocke ich zähneknirschend;
Ich besteige die Ausschußhügel neben den Gießereien;
Den Direktor der Brotfabrik faß ich: Er kauft beim
    Privatbäcker;

Seine Kulturseite zu lesen zwing ich den
    Kulturredakteur –
Er überlebt das, er ist es gewöhnt;
Frisierte Berichte verbrenn ich in wirklichen Öfen:
Dorthin, ruf ich, wo die Ferkel verrecken, geht!;

Ja, zum Kohleschippen verdamm ich 27 Ratsherren und
    5 Parteisekretäre
Besser gar keiner als mittelmäßige, verkünd ich:
Nur Spitzenklasse besteht hier;
Ich, sage ich, werde diese Stadt reinigen von
    Nichtsverstehern und Faulenzern;

Ein Büro für Beschwerden erricht ich, darin sitz ich
    selbst
Zu mir kommen, die mühselig und beladen sind
Dir vertraun wir, schrein sie, du hilf uns, du gib uns
    Spezialbagger!
Du ändre die Baupläne in dieser Stunde!;

Auf den Holztisch schlag ich dort laut
Und bestimme die unverzügliche Regulierung der Flüsse
Die Entrußung der Luft, die Erhöhung des
    Plastkontingents;
Mit Straferlassen durchpflüg ich die Stadt;

Den Gerichtsdirektor lasse ich einsperrn: Er verurteilt zu
    langsam!;
Die Baukapazität kürze ich zugunsten der Errichtung
    von Hilfshaftanstalten;
Auf die Straße tob ich und trenne brüllende
    Delegationen:
Vorweisend meine Befehle, ziehn die sich Ersatzteile weg;

Auf den Kirchturm muß ich entfliehn;
Anprangertest du, schrein, die mir nachrennen, unsre
    Dispatcher

Wo, schrein sie, hast du die neuen?
Da fleh ich Dunkelheit herab, und sie kommt.

Und ich seh: Von weggeschütteten nützlichen Laugen
    fließen die Flüsse stinkend
Halbfertiges steht in Fabrikhöfen widerwärtig
Geschrei hebt sich auf dem Marktplatz:
Wo ist der, schreit es, der kam, es besser zu machen

Verflucht seien, schreit es, seine Eile und seine
    Überhebung
Was tat er als reden und strafen? – Ausfahr ich so aus
    der Stadt
Von Flüchen verfolgt. Heimkehr ich unerkannt
Und frage nach einer kleinen nützlichen Arbeit.

1964

Gedichte von 1965 bis 1979

Zeichnung

Einer hebt einen auf. Oder hat ihn
Niedergeworfen, oder Verbot ist
Ihn aufzuheben, hebt ihm den Kopf, oder die nächste
Kugel nach der die den der liegt traf trifft
Ihn, oder schon im Hüftbein. Oder das Haus, oder Feuer.
Hebt einen auf, Alter mit dem Bart, der. Beugt sich.
Hinter dem Fenster: brennts, brennts nicht.
Die Stadt, die Welt. Einer einen. Beugt sich. Was ist.
Oder man sagt: Das Leben hat diese Seiten.
Oder anders. Hebt ihn auf, der, den. Feuer, woher fällts.

1965

Willi Sitte, Zwei Männer, 1962

Auszog das Fürchten zu lernen

Der Küster nackt im Laken: weißes Leinen
Brauchen die für nachts, wir hatten Sackwand und
    Stroh
Zu sechst, kaum Felle, kalt, frühmorgens stanks
Gut, aber: er, umwickelt, stumm, ein blödes Standbild
Am Turmloch, weiß im Mond, ich rufe, nichts
Steig näher, nichts, erkenn ihn nicht, sag laut
Du Bist Im Weg, er wars, steht, stumm, ich trete zu.
(Fester, wußte ich wer: manchmal am Morgen
Glotzen, die Frau vergoß Milch, gut, was ist Furcht:
Dies, dacht ich öfter, könnt es sein, doch Morgen gehn.)

Im Schloß dann der im Sarg: ein Toter, gelb
Also kein Mensch, nur Hülle, Fleisch, brettsteif
Oder doch Mensch, bloß kalt: mein Bruder, wo Gekröse
Aus dem Kamin schwappt und die Fenster
Wie Rasseln gehn, das Bett fährt knirschend um
Rollt dachwärts, bockt, kippt ab; vor Räude stinkendes
Viehzeug zerschmiß mein Feuer, ich erschlugs
Lustlos in Notwehr; wo also viel
An Totem lag (was da gehälftet vom Schornstein
Herfiel an Krüppeln: stur, nur Kegelspielen
Feixen wie ich verlor: die wußten nicht was rund ist):
Hier, dacht ich, ist, wo man zusammenhält
Wenn man noch ist, und ohne Schonung
Sehn muß ist man zu zweit zu zweit zu sein:
So blies ich ihm wie Ärzte Atem ein
Bett ihn ins Bett, er lebt, spricht, würgt mich, ich ihn;
Was heißt zum Fürchten? Undank. – Zum Schluß der
    Alte
Debil, strohblöd vor Kraft, ich spalt den Amboß
Klemm ihm den Bart, uralter Trick, der Morgen
Schwamm rötlich ein, der König kam, sah, quiekte
Nahm seinen Anteil, gab die Tochter:
                          Sie

War schön. Wie fielen in Liebe, sie war siebzehn
Sanft, bräunlich, geduldigen Munds, wenn wir einander
Das Atmen lehrten und die Worte, die
Man dreimal sagt, dann nicht mehr, ungeduldig
Erst gegens Frühgrau, wenn die Vögel auffuhrn
Hinterm wegblassenden Mond, wir schliefen tags
In Hecken, unterm goldbesegelten Himmel
Die Flüsse glitzernd, woher Furcht
Wenn wir aus Trauben trinkend unter Bäumen gehn?
Ich lern es nicht das Leben ist zu schön!
Ich riefs, oder ihr ins Ohr.

Aber schon bei der Hochzeit die Gesichter:
Mildfetten Blicks der König, zu ihm auf
Der Hofstaat, singend, aus geblähten Hälsen
Seltsames keuchend, und Augen, bleich wie Maden
Von unterm Fleisch ächzenden Tafeln fraßen
Sie sich die Bissen fort, zerkauten Hühner wie
Hunde Knochen, würgten sichs weg, wenn sie
Ein Blick von oben traf: Dort wars
Daß ich das Mädchen sah, und mich, nackt auf dem
  Freßtisch
Eilig verschwindend unter eiligen Messern

Da dacht ich es ist Zeit die Welt zu bessern

Und Furcht was ists: Ich König. Machs neu. Ich:
Richter gerichtet, Verträge um sie zu halten
Den Bauern Brot, dem siebzigfachen Mörder
Statt Rente den Strick (mein Generalstab leer)
Arschkriecher ins Bergwerk, Erlasse, mächtige Forken
In die Kanzlein, bovistischer Gestank
Noch spät, erst, spät, nachts, schon? ich sah am Morgen
Das Blinzeln der Minister, das Kommando
Kam schnell, ich lag, lieg, brüll auf kaltem Stein
Was Furcht ist nur die Wächter hörn mich schrein
Später die Schreiber, dauerhafte Lüge

Für wenig Honorar, dichten: Gründlinge
Im Brautbett. Und nicht von nasser Kälte
Zitternd: Durch Mauern seh ich, seh im Qualm
Die Heere ausziehn, Wälder giftentblättert
Mordfressen überm Bauchfell das noch zuckt
(Sauberes Bajonett), unter der Erde
Die Präsidenten und die Weiber jauchzend
Städte gebirgswärts, Menschen wie Kirchen brennend
Feuer, und Wind, und alle. Und von denen
Die ich jetzt hör, Furcht, singende Tür, Ich:
Zuviel geglaubt zu viel gesehn zu viel gewußt
Jetzt schlagen sie mir die Messer in die Brust –

Nachspruch

Dies ist ein Lehrgedicht es lehrt
Daß der von Furcht nichts weiß in Furcht hinfährt
So willst du furchtlos auf Planeten wandeln
Fürcht dich beizeiten danach magst du handeln

1966

Sewán

Arbeit ist Arbeit. Am Sewán der Himmel ist grün
Armenien blüht, sein Reichtum Tuffstein, Mischán
　　Ossinján
Verkauft Kerzen, eine Kopeke ein Licht, die
　　Kerzenindustrie
Erhält die orthodoxe Kirche, der See
Himmel, ein Hügel, zwei Kapellen, in der größern
Mischan, betreibt vier Kraftwerke
Stufenweis untereinander, leider der Wasserspiegel
Sank sechzehn Meter, das wird korrigiert
Mischan tritt vor die Kirche, sticht das Schaf
Sein Atem Rotwein, buschein fällt Schafshaut
Knochen aschweiß später, sieh zuvor
Des Schafs Aufstieg. Nämlich

Die Frau auf Knieen, schwarz in Tüchern, rutschte
Um Felsen über Fels, drei Knieschritte vor, ein-
Mal die Stirn steinab aufwärts (Mischan Ossinjan
Sagt: ein Gelübde, hügelab ist das Schwere)
Dahinter das Tier, vom Sohn gehalten, sprang
Munter: Hammel. Riechen Kräuter. Alte Weiber –
Mischan fünf Nächte unrasiert, sein Bart
Wuchs zweiundsiebzig Jahre, segnet Hühner –
Flüstern dem Sohn, der trennt die Ohren dem Tier
Vom Kopf, das merkt nichts, Blut springt, es felsauf
Dreimal umtreib den Betort, sprachen die Zahnlosen
Fotos vertreiben Segen: vier, dann
Der Kehlschnitt, das Fell, Feuer, das Schaf Schaschlyk.
Dreihundert Jahre Armenien

War geknechtet, sein Volk zerstreut, fünfzehn mal
　　hunderttausend
Schlachteten die Türken fünfzehn, stahlen das Land
Zwanzig aus Moskau kam die Freiheit, aus Armeniens
　　Bergen

Elektrizität, Häuser aus Stein, aber
Lenin starb. Stalin hieß Dshugaschwili. Mischan
 Ossinjan
Spricht fünf Sprachen, zählt armenisch französisch
»Zehn Jahre Frankreich, davon acht Marseille«
Fing Kornsäcke im Hafen aus elf Metern
Frauen, sagt er, wollen die Einzige sein
Das merk dir bei jeder
Dann Spanien, für die Republik hinterm MG
Gefangen durch Italien, Flucht
Nach Deutschland, Lager, er war Bäcker.
Fünfundvierzig Befreiung. Mischan Ossinjan
Kam nach zwei Jahren raus
Verkauft Lichter, dreht hier dem sechsten Huhn
Sanft den Hals ab. Hat sein Teil. Die Kinder
Studentin Ingenieur Dozent. Wir steigen abwärts
Besichtigen das Kraftwerk, aus Tuffstein
Machen wir jetzt Kunstseide, Erdgas wird
In Kürze hergeleitet, des Sees Ausfluß gestoppt
Daß er sich auffüllt, sagt der Ingenieur.
So erhält der Mensch die Natur.

1967

Kein Winter fiel. Die Welt ein Frühling. Ein
Schönes Leuchten geht durch die Gazetten.
Spanische Liedchen: was wir haben, leihn
Wir uns von niemand aus, es sei, wir hätten

Es vorher weggeschenkt. Ach, Freund, nicht Tulpen!
Blühend dein Lächeln zier die spitze Krone.
Nicht Holland, nein. Deutsch schreiten Stiefelstulpen
Zum Ausverkauf, von Leder oder ohne

Was tuts? Kein Schnee. Bloß Wind fegt uns den Kopf
Amerikanisch wolln wir nicht mehr singen
Wer Suppe möchte, wirft sich in den Topf
Daß man ihn leer, die hohen Töne klingen

Wie wir sie ziehen aus dem nackten Fell.
Du aber sprich geschlossnen Munds, und schnell.

Februar 1967

Auf ...

Sommersprossig, ein Waldbrand, sie küßt nur
Auf Brücken, an Bäumen, im Bett, draus
Schmeißt sie beim dritten Mal die Kissen
Und alles außer uns, während der Liebe
Spricht sie mit hoher Stimme, bis sie aufhört
Zu sprechen, sie erfand fünf neue Worte
Manchmal, müde von Arbeit, sagt sie
Sie liebt ihren Mann

1968

Sonett

Und als die siebente Stunde Frühe schlug
Erwachten wir sehr blaß in ihrem Bette.
Ich fragte, ob ich sie genügend hätte.
Sie sagte: nein. Und wie ich sah, mit Fug –

Genug, sprach sie, ists nie. Selbst sieben Male
(Ich will nicht lügen, fünf, doch gut für sie)
Sind nichts, wenn sie vorbei sind, d.h. fast nie
Mehr als Erinnerung, und was soll die: male

Den Mund mir mit den Lippen rot, und laß
Die Sonn (sie sagte: Tags Stern) mir am Bauch
Allein nicht, sie könnt friern, ich denke, Rauch
Geraucht, wird kalt, wir sind nicht Rauch: nur daß

Du mich jetzt faßt, beweists, komm laß uns wippen.
Da fing mirs an. Sie hat geschickte Lippen.

1968

Ballade

Sie schrie, kaum daß ich da war. Wenn ihr Mund
Mich küßt, da wo mir gut ist, in der Mitte
Sagte sie: Salz ist süß, und wenn die dritte
Stunde am Morgen kam, war noch kein Grund

In ihr, sie war so naß wie als sie kam
Wenn ich sie rührte, und erfand noch Worte
Für wie ich handelte und womit, die Orte
Vermengten sich sehr, weil sies wörtlich nahm

Dann schlug es fünf. Sie ging zur Arbeit. Zuvor
Wusch sie die Gläser ab, sie käme wieder
»Ein schön endloser Kehrreim, wie alte Lieder«
Und sprach mir nach der dritten Nacht ins Ohr:

»Mit dir ists das. Ich will: Sichres, verstehe ...«
Nun geht sie sanft in eine schöne Ehe.

1968

Gagra abends

für E.

Lila ein Schwein saß still auf einem Baum
Und wiegte sich auf zweifelbaren Ästen.
Wir sahens beide, und auf wenigem Raum.
So, manchmal, heilt die Nacht des Tags Gebresten.

September 1968

Weg in Signachi

Das sind die Wege. Dieser führt zum Friedhof
Durch einen Park, wo Frauen vor der Tür
Der Villa stehn, da man Taubstumme lehrt
Dann, schroff, der Hügel fällt links ab, die Mauer
Hat einen Durchbruch, hinten die Kapelle
Ist weit, jäh fällt die Sonne auf den Kopf
Dann ist es still. Eidechsen fahrn um Büsche
Schildkröten in der Sonne. Wer hier stirbt
Hat Platz. Brombeern und Grillen. Rost zerfraß
Den Stern am Eisenstab: wenig Verwandtschaft
Die für ein Gitter sammelt, Aluminium
Kniehoch, und besser mannshoch und mit Dach
Auf Marmor, schwarz aus Baku, glänzt das Foto
Des Toten, wie er klein im Mantel steht
Mädchen mit Locken überraschten Blicks
Das alles wächst zu. Rot Granatapfelblüten
Daumengroß auf den Büschen, schmal die Pfade
Zum nächsten hin: der Reichste, Stacheldraht
Ums überdachte Grab, ein Steintisch, Bänke
Seitab die Aschespuren, Knochen: hier
Sterben auch Schafe. Früchte, dick vom Schimmel
Zeigen die frische Statt. Streichhölzer, Wodka
Zwei Fischgerippe. Alles ist sehr weit
Hinten der Kaukasus. In der Kapelle
Plötzlich die Öde, auf zerbrochnen Wänden
Ein Immortellenkranz, ein halber Heiliger
Zwei Zeitungen vom letzten Jahr, ein Licht
Draußen der Ofen für das Brot. Dahinter
Verläuft sichs, die Natur liegt offen, Sonne
Und träge Schmetterlinge, weiter ab zum Tal
Führt dich ein leeres Bachbett, wenn du gehst.

1968

Signachi – georgische Gebirgsstadt

Geräusche

Nicht mehr, nicht weniger, als was an Schnee hier
Heute und gestern fiel, die Flocken
Sinken daher, auf dem Stadtgottesacker
Geht kein Schneepflug, ein Maler malte ein Bild:
Ein roter Ball auf einem Strand, dahinter
Deutschland. Ich wünsch mir eine Sanduhr
Wem wenn nicht uns knirschts auf dem Zahn
Das ist das Glas. Wir halten uns an Liebe

1968

Winters, sommers. Ein Blick in die Zeitung
Aufwärts vom Morgen der Kehle zu, draußen
Schießts, aber trifft nicht, die Düsenjäger
Zieln nicht auf mich – im Wasser ein Frosch
Schwimmt wenn er Luft braucht oder
Springt landwärts, was immer hier knallt
Platzt, sie, die schnelleren
Jäger hörns nicht, es gilt keinem
Nicht mir, das ist
Das Leben, winters, sommers, ich
Altere nicht.

1966/1969

i. m. Kostas Yannopoulos

Aufleuchtet, schreibt der Dichter, unser Herz
Wenn sie uns pfählen, vor die Sonne aufgeht
Wie eine Rose, und die Festung Tod
Fällt, fällt der Pfahl, man brachte abends Wein
Er ging am Morgen fest, sein Lied war heiter
Von sieben Kugeln sind nur sechs aus Blei

1969

Kostas Yannopoulos, griechischer Dichter, während der griechischen Gegenrevolution 1948 in Ägina hingerichtet. Der Text zitiert eine Stelle aus dem Gedicht »Das letzte Lied«, das er in der Nacht vor der Exekution schrieb.

Sich Reckende

Aber die Frau steht breit in den Wänden aus Glas
Da war wer, der trug sie, ein Bett, da hatten sie Spaß
Da wurd ihr Gesicht breit, da schrieen sie beide, da wars
Da macht er das Bein lang, stieg raus, da war sie zu klein
Schrumpfte, oder die Wände wuchsen, auf die schlägt
    sie ein
Da steht sie, manchmal er kommt, da steigt er zu ihr
Da klirrt nichts, da fliegt er zwei Stunden mit ihr
Da, schiens, flog sie, da früh macht er den Schritt
Da blieb sie, zuwenig gewachsen, da kratzt sie am Kitt
Sprang, springt, ohne Leiter, da lächelt sie noch
Im Fischbecken, Fischbecken, oben im Glas ein Loch
Da ist Luft, da ruft sie, da falln die Fäuste, da ruft noch
    ihr Mund
Da sehn wirs von oben, verkürzt, sie, da ist sie am Grund

1969

Willi Sitte, Sich Reckende, Öl 1966

Lenin 1918

Der Wind entrollt sich wie ein Ankertau
In der Stadt im Süden. Großes blutiges Wort
Die Diktatur, o Kugeln, die Genossen grün
Vor Schlaflosigkeit, immer Telegramme
Das deutsche Heer rückt vor, Schreibmaschinen und Heu
Verliern sich mit den Weißen in der Steppe
Trotzki redet in Brest, ach die Gefährten
Die lieber singend untergehen wollen, die Weltrevolution
Steht auf der Tagesordnung diese Woche
Anweisung an Zjurupa: Ihre Gesundheit
Ist Staatseigentum und als solches zu behandeln
Konsule tauchen in Frühjahrsnebeln unter
Und ziehn sie hinter sich zusammen
Wenn kein Getreide kommt, verrecken wir
Um Himmels willen!; ans Militärkomitee: bourgeoiser
    Wein
Ist nicht wegzuschütten, sondern Schweden zu verkaufen
Die Schleppe Katharinas, endlos wie ihr Reich
Kracht bronzen vom Sockel, Marx wird aufgestellt
Gesindel in den Kommissariaten, Fleischerfassung
Kosakenaufstände, ukrainische Radas
Eine Million für Ter-Arutjunjanz
Und zweitausend Mann, wer Waffen versteckt,
    erschießen
Eine Handbibliothek über Finanzen in den Smolny
Den Lehrern von Twer: Ihr Korn befindet sich
Bei den Kulaken und ist dort zu holen
Der ist kein Kommunist
Der sich nicht anpaßt und auf dem Bauch durch Dreck
    kriecht
Weil sonst kein Weg ist. Für Sinowjew:
Geben Sie Arbeiter aus Petrograd ab
Sonst sind Sie schuld am Ende
Ein Matrose sagt in Odessa: Kugeln, Genossen
Werden euch durchbohren, seid darum nicht bekümmert

An Zetkin: Zuversichtlich hoffen wir
Diese Revolution wird besser als gewöhnlich
Unbegreiflich optimistische Telegramme
Der Horizont zerbrechlich wie früher Herbst
Rotarmistenmäntel, zerrissen und schwer wie Wolken
Eisenbahnwagen alt und ernst
Die Weltrevolution kommt später. Wir arbeiten weiter

1970

Zjurupa – Volkskommissar für Gesundheitswesen
Rada – antibolschewistisches ukrainisches Parlament
Ter-Arutjunjanz – stellvertretender Leiter der Tscheka

Da ging die Zeit, und sonst kein Weg: die Zeiger
Stehn schon verkehrt, wohin du dich auch drehst
Und spiele ich den Redner oder Schweiger
Du gehst bloß gut, wo du bloß besser gehst

Und schöner liegst, und aufgehst, mir, Gestirn
Das, soviel auch eröffnet, nicht erkannt ist
In schneller wechselnden Phasen, die wir irrn
Seit gestern weißt du fünfmal, wo dein Land ist

Das ich dir aufheb unter der Lippen Schimmer
Daß du ans gleiche Ufer keinmal steigst
Die Rotation verhält, wenn du dich neigst
Und stürzt, denn du bist gut: Das war das Zimmer

Zwölf Meter im Quadrat, ein Laken, Wein
Und über uns das Weltall fällt nicht ein.

1970

Aufschub

Damit wir später reden können, schweigen wir.
Wir lehren unsere Kinder schweigen, damit
Sie später reden können.
Unsere Kinder lehren ihre Kinder schweigen.
Wir schweigen und lernen alles
Dann sterben wir.
Auch unsere Kinder sterben. Dann
Sterben deren Kinder, nachdem
Sie unsere Urenkel alles gelehrt haben
Auch das Schweigen, damit die
Eines Tages reden können.
Jetzt, sagen wir, ist nicht die Zeit zu reden.
Das lehren wir unsere Kinder
Sie ihre Kinder
Die ihre.
Einmal, denken wir, muß doch die Zeit kommen.

1971

Aufzeichnung

Das Volk sagt: eine Kugel schieben. Kegeln
Ist Leistungssport, ich bin ein Leistungsmensch:
Ich ernähre mich von Schreiben. Das ist schwer.
Kegeln ist auch schwer. Im Schriftstellerhaus Petzow
Ist eine Kegelbahn, die unbenutzt ist
Weil alte Kähne drin faulen und Geld
Zur Renovierung fehlt; ich möchte kegeln:
Kegeln ist schön. Schreiben ist auch schön, wenn
Ich Zeit hab und die Kunst geht von der Hand
Dazu ist Kegeln gut, weil es entspannt
Und bringt den Arm zu großem Ausholn und
Anspannung in den Körper, welche sich
Löst wenn man trifft, oder vorbeitrifft: es
Ist Spiel, und Spielen ist das Schönste; aber
Ich kann nicht kegeln, weil die Bahn verstellt ist
Und nicht dem Rollen nachhörn und mit Absicht
Körper und Armschwung und die letzte Streckung
Der Fingerspitzen so koordinieren
Daß weder rechts noch links die Kugel anstößt
Und es vorn purzelt, angenehmster Ton
Wie Beeren von Trauben, welcher alles lockert
So daß ich wachse und beim nächstenmal
Die schöne Verzögerung des Fallgeräuschs mich löst: Es
Schrieb sich dann auch leichter, doch die Bahn
Ist nicht benutzbar, der Etat streng, ich
Bleib auf Liebe eingeschränkt, die gleichfalls schön ist
Aber auch ernst, ich brauch was Heiteres:
Ich helf beim Schweineschlachten, wenns sich fügt.

1971

Schwimmen bei Pizunda

Grün ist das Meer bei Pizunda, manchmal
Blau, von Schiffen schwarz, in dieses schwimm
Weit wies dich trägt und dreh dich auf den Rücken: So
Siehst du den Kaukasus mit weißen Gipfeln
Und ruhst im Meer, und das ist Ruhe. Wiegend
Kaum, und durchs Durchsichtige
Das um dich treibt, grenzt dich deutlich die Haut;
Vorne am Steinstrand rutschen die Gesichter
Ab von den Chefs, die blinzeln, um sich bezahlt
Natur, zum Bauch plätschernd im Wasser:
Sie könnens nicht. Groß ist der Kaukasus. Mit kleiner
    Kraft
Liege im Gleichgewicht löse die Arme und
Spür dich oder Meer, wie sonst Mädchen vorm Aufgehn
(Dann kommt, die ineinanderstürzt, die Glut)
Hier aber ist die Mitte. Zwischen Meer, Fels, Schnee,
    Himmel
Schwarzgrün Wälder. Dies
War der Augenblick, nun gleit, treib, leicht
In überm Meer – hier
Ist der Triumph des Körpers: Ich, ungemordet
In diesem Jahrhundert! schwimm
Nicht schnell, nicht langsam durch was um mich fließt
An ein besteintes Ufer bei Pizunda.
Ich hab noch vierzig Jahre, oder mehr.

1971

Pizunda – Badeort an der georgischen Schwarzmeerküste

Auf Georg Maurer

Der Dichter Maurer ist tot. Groß, mit zerwehtem Haar
(Von einem Wind, der plötzlich kalt vom See kam)
Stand er noch abends, wenig gebeugt, und redete
Mit großen Armen und abwärts lachendem Mund
Und neugierigen Augen. Wenig sind
Gute Zeiten für Dichter, sagte er
Die Abende zuvor, und zählte an Fingern
Dante, Shakespeare, Homer – und wenn
August von Weimar nicht regiert hätte
In Weimar! Die Menschen wissen wenig von Geschichte
Und wir, mein Gott, mühn uns, und schilderte
Wie Archilochos von Paros
Den Jambus erfand, weil sein Schwiegervater
Ihm nicht die Tochter geben wollte, und er
Einen Ausdruck suchte seiner Wut; stampfend
Im staunenden Triumph, die Faust auf dem
Zweiten Takt vorstoßend lang in die Dämmerung
Skandierte er: »Du HUND, du VIEH, du SCHWEIN«
Daß wir die griechischen Längen merkten – damals
Fand jeder Dichter sein Versmaß, wir aber
Sitzen und nehmens. Das goldene Zeitalter
War einmal wirklich, etwas davon
Ist noch in jeder Kindheit, und es scheint
Für Augenblicke, wenn das Leben gut war.
Ich auch – sagte er – tröste mich über den Tod
Mit Glauben, daß von uns Atome bleiben
Und was wir machten. Denn der Körper
Nutzt sich ab wie ein Sofa, und der Mensch will
Die Dinge überleben, die er faßt.

1971

Wandvers

Beug dich mir näher, wenn die Tauben kommen
Der Wald liegt hinterm Meer, die Sterne sinken
Langsam in Milchstraßen, bald geht die Sonne auf
Aber dein Haar ist heller, schon der Rand
Der Wolken blaßt am nördlichen Gewölb
Und schneller, vor der Wind die Dünste wegtreibt
Falln in der andern Welt Hälfte Menschen
Und Bomben, leuchtend, Teppiche im Grün

1972

Imperialistenlogik

Wo ein Wasser ist, muß ein Abwasser rein.
Wo ein Mensch ist, muß ein Polizist sein.
Wo einer nachdenkt, genügt eine Verdächtigung.
Wo tausend nachdenken, muß sein eine Ermächtigung.
Wo das Volk aufsteht, muß hin eine Intervention.
Wo wenige aufstehn, reicht eine Detonation.
Wo ein Land nicht auf uns hört, gehört es zerbombt.
Wo einer zu weit sieht, wird Zeit, sein Ende kommt.
Wo zuviel Zeit ist, müssen Ängste und Superstars her.
Wenn wir untergehn, soll die Welt hinterher.

1972

Würdigung

Auch die Beamten, hör ich, sind nicht froh
Wenn sie uns Balken auf die Köpfe hauen;
Ja, manche stört es ernsthaft beim Verdauen!
Und ehrlich hauen sie ja auch nicht so

Daß wir nicht spüren müßten: Mit Bedauern
(Obschon nach Kräften, denn das will die Pflicht)
Tun sie ihr Werk, doch böse sind sie nicht
Und wir begreifen es mit leichtem Schauern:

Hieben sie weniger, würden sie entsetzt
Was unser Schade wär zuguterletzt:
Dann nämlich kämen die, die gerne prügeln
Welche mit ihrem Prügeln jene zügeln.

So, kaum erstaunt, seh ich, wie es gelingt,
Den Stock zu schätzen, den man auf uns schwingt.

August 1973

Pelmeni

für HAP Grieshaber und Margarete Hannsmann

I
Die Teller mit gemalten Zwiebeln, tiefe
Der Brühe wegen, stark, von Schweinsknochen
Die Wärme hinstrahlt – jedenfalls durch sie
Sieht man den Grund am späten Herbsttag, der

Mit Dreck und Nebeln klatscht; da kommt Grieshaber
Müde von Autofahren und Beamten und
Böse vor Hunger. Nämlich die Sensiblen
Wenn die zur rechten Zeit nicht essen, werden

Wie Wölfe. Weiß das Tischtuch, weiß mit Blau
Die Teller, drin gelbäugig dampfts, darin
Muschelförmig oder wie Löwenmäulchen
Schwimmend (gezählt, daß keinen Gier zu Hast treibt)

Sie. Dünn gehüllt von Teig, bemessen so
Daß eins in Eines Mund geht. Nämlich die Fülle

II
Zwei Drittel Schwein, eins Rind, Weißkohl und Zwiebeln
Mit Pfeffer, Salz und Knoblauch feingewiegt
Gibt Saft beim Kochen (fünf Minuten in
Der Brodelnden) den hält die Hülle fest

Bis Zähne, oder Zungenrücken und Gaumen
Sie sprengen, daß du schmeckst was fließt und ist
Und dann das Scharfe. Duft steigt. Sanft den Gästen
Rötet sich die Gesichtshaut. Leicht im Nebel

Verschwimmt der Herbsttag draußen, Güte zieht
In uns und wärmt uns sehr. Mein Lehrer Maurer

Als man ihm Goethes Zeilen wies, wo steht
Daß G. im Leben auf drei Wochen Glück kam

Sagte: Ja, wenn man die Sekunden zählt!
Und rechnete, seis neidvoll oder stolz

1973

Aussicht

Der Tod: was war, wird nicht sein
Die Mächtigen fallen
Die Macht bleibt, blutig und wuchernd. Angstvoll
Seh ich ihr rosiges Fleisch. Was langt nach mir?
Mandelstam ist erschlagen, ich nicht. Eines Sommers
    Ruhe
Werden wir bezahlen, sagt meine Frau.
So bin ich gerüstet
Fürchte mich, schreibe.

1971/1973

Protokoll

Wie Filz die Tage kratzen. Gelb mein Mund
Ich schlafe und ich weiß nichts. Sehn, nur sehn
Die Schnur hängt hoch. Man schießt. In lila Bächen
Fahren die Laugen in die Flüsse, eisern
Stehn die Politiker. Ich geh am Abend
Durch Sägewerke, die schwarz stehn gleich Wäldern
Und zu Papiermühlen hinführn, welche Rollen
Herstellen für Plakate, die man klebt
Mit Texten SCHÜTZT DEN WALD; noch wächst das Gras
Ich hörs nicht aber riech es, das ist Hoffnung.

1974

Notiz zu Chile

Der Regisseur Saura
Zeigt in einem Film über Spanien:
Wer sich mit der Macht einläßt
Gerüstet nur mit seinem Verstand und seinem Gewissen
Und vielleicht einem Lachen
Wird erst vergewaltigt
Dann werden ihm die Haare abgeschnitten
Dann wird er erschossen.
Das ist die Reihenfolge:
Vergewaltigen
Das Haar abschneiden
Erschießen.

Es gibt eine Trauer
Die einem das Herz ausbrennt langsam bis an kein Ende
Und man muß leben und leben.

1974

Trinkspruch

Wenn Mai ist, soll Mai sein
Wer nicht frei ist, soll frei sein
Abends soll Wein sein
Wer liebt, soll nicht allein sein –
Im Oktober sind die Äpfel reif
Und die Trauben
Wer zwei Hände hat, greif
Und brate sich zwei Tauben.

1974

Ernste Mahnung 75

Der Odendichter H. Czechowski, welcher
Die Welt sehr liebt, und darum melancholisch
Auf sie blickt, seit er denkt, hat vor 5 Jahren
(Er wohnte da in Trotha, das ist weit
Von hier, dem Zentrum, wo er jetzt wohnt, gleich beim
Stadtgottesacker, wo der Stadtgott sitzt
Von Halle, und, geurteilt nach den Blättern
Im Frühjahr, die sind fett und werden
Jedes Jahr weniger, langsam eingeht)
Der Dichter H. Czechowski also hat
Vor gut 5 Jahren, als wir Rotwein tranken
In Trotha, neugrauer Vorstadt, die aus stillen
Straßen mit Häuschen, Gras und Gartenweiden
Ausläuft in viergeecktes Neubauland
Die Häuser hoch, darinnen Puppenstuben
An Fäden, oder in, Kokon Kokon
Die Puppe in der Puppe ist der Mensch
Czechowski, sag ich, hat vor 5/6 Jahren
Als wir beim Wein, und friedlich, sprachen über
Genüsse unterschiedlicher Erzeugungsart
Von seiner Kunst gesprochen, einen Karpfen
So zu bereiten, wie es keiner kann
Außer ihm selbst; und schon die Ingredienzen
Genannt nur, nicht gezeigt, bewirkten uns
Den Speichelfluß im Mund wie Pawlows Hunden:
Der Mensch ein Reflexwesen. C., tief zufrieden
Lud uns zum Karpfenessen für die Zeit
(Das sind, man weiß, die Monate mit R)
Wo Karpfen wären, die so fest wie gut sind.
Seitdem, wenn wir uns trafen – Theater, Umzug
Besuch, ein krankes Kind, Parteiverfahren –
Ging anfangs noch die Rede von Verschieben
Und wenn ich Czecho sah, und das war öfter
Dachte ich an Karpfen. Jahrelang. Jeder Reiz
Flacht ab durch Wiederholung oder Ausbleiben

Dessen, was man erwartet. So könnte ich ruhig sein:
Sechs Jahre sind sechs Jahre und bald sieben.
Tatsächlich bin ich ruhig, man kennt mich ja.
Nur manchmal, wenn ich Karpfen sehe, denke ich
Jenes Abends in Trotha, und der ungeheuern
Ahnung im Mund (seitdem hat Czecho
2 Bände mit Gedichten, 1 Essayband
Nachdichtungen, Interviews, Theaterstücke
Sowie ein längeres Werk vom Karpfenessen
Achtstrophig und in Vierzeilern, doch reimlos
Veröffentlicht) und dann, erinnernd, möchte ich
Stehend auf Festem wie auf Mickels Tisch*
Ausrufen, laut, zumindestens vernehmlich:
Czechowski, statt der Oden auf den Karpfen
Gib uns den Karpfen, gleich! Die Stimme bricht mir.

1975

---

* *Vgl. Karl Mickel, »Der Tisch«, in Eisenzeit, Mitteldeutscher Verlag 1975*

Lied der Kinder

für Herburger

Hu, auf zu den Sternen!
Im Weltall ist es kalt.
Man sieht keine Fernen.
Es lebt kein Wald.

Man denkt, man steht still.
Dabei rast man in Eile.
Man wollte, was man will.
Das ist die Langeweile.

Auf einem Stern steigt man aus.
Die Erde ist weit weg.
Der Stern sieht grau aus.
Er ist aus Eisen und Dreck.

Der Weltmolch sagt: *Ich fresse*
Die Langeweile und die Geschwindigkeit.
Ich verdaue und presse
Heraus kommt die Zeit.

Zwischen hinten und vorn
Denkt man sich eine Mitte.
Was ist, ist schon verlorn.
Ach, hätte man das Dritte.

Durch die schmale, die Spalte
Rutscht man, kann sein, zurück.
Die Erde wäre die alte.
Das wäre Glück.

November 1975

Sechs Sprüche aus dem Stück »Das Feuerzeug«

Spruch des Soldaten
Wie auch im Krieg der Kugeln Wind mag wehen:
Der Schwache fällt, der Tüchtige bleibt bestehen.

Gegenspruch des Landstreichers
Hörst du zum Kampf die Schlachtfanfare blasen
Verstopf dein Ohr, sonst findst dus unterm Rasen.

Spruch des Landstreichers
Schulden dir was die Herren oder Großen
Mach dich schnell dünn, sonst gehts dir an die Hosen.

Gegenspruch des Soldaten
Was bleibt dem Mensch in allerschlimmster Zeit?
Des Fürsten Wort: Es gibt Gerechtigkeit!

Spruch des Ministers
Verwunden läßt sich Feigling und Idiot
Der Held bleibt ganz. Oder stirbt den Heldentod.

Spruch des Königs
Kunst ist nicht schlecht. Gibts sonst im Lande wenig
Bleibt doch die Kunst, die Gutes sagt vom König.

1975

Vortrag Aufbau-Verlag

Gefragt
Nach dem Energievorrat des Planeten
Rief der Professor, nachdem
Er informiert hatte, die Winter
Würden nun wieder kälter, was aber
Nicht für die Presse bestimmt sei, hier
Schieden sich die Geister: Er sei
Ein Vertreter des historischen Optimismus.
Glaubt er, rate ich, Geister?
Riecht er sie? Warum
Ist er, der viel Physik weiß, nicht
Pfarrer geworden, da doch
Das Ansinnen zu rechnen den Hochbezahlten
Schon brüllen macht, und die Hand
Greift, als wäre da eins, in der Leere, zum Telefon?

1975/76

Nicht zu gutmütig werden
Sagt ein Freund
Ist lebenswichtig
Und leiht sich von Zeit zu Zeit
Das Stenogramm der Versammlung, auf der Genetiker
Die Gene verwarfen Mitte dieses Jahrhunderts
Mein Freund L. dagegen
Will derartiges nicht lesen, da seine Weltsicht
Ausreichend finster sei
Er braucht das Helle.
So etwa liest er nichts von Koestler, A.:
Überläufer
Sagt er, können nur lügen.
In seinem Kopf
Ist eine schöne Welt.

1976

Fünf Distichen

Reden und Schweigen 1–3 (nach Stendhal)

1
Reden, heißt es, ist Silber, Gold Schweigen; seit
    Feinmetall knapp ist
Zahlt man dem Weisen, der spricht, gern seine Reden mit
    Blei.

2
Reden, weiß man, ist Silber, Gold Schweigen; wie baun
    Weise Datschen?
Schweigend! vom Weisesten heißts, er erschwieg sich
    ein Schloß.

3
Schweigen ist Gold; da es unwahrscheinlich, doch
    immerhin möglich
Ist, daß ein Dummer mal schweigt, zahln wir zur
    Vorsicht auch dem.

*

Für B.
Gut sind, ach ich weiß, Theorien; ein Glück des Metiers ist
Daß du beim Dichten sie für zwei, drei Stunden vergißt.

*

Äußerste Vorsicht, rät K., bewahr, siehst du einen
    Tornister:
Wie bei der Schlange an Gift denk an den Marschallstab
    drin.

1976

Kindsmarauli

Jossifs Lieblingswein. Man kriegt ihn für zwei siebzig
Rubel, oder vier zehn oder drei zwanzig
Je nach des Kneipers Laune (Staatliche Läden
Schreibe die *Iswestija* 1969
Handelt man in Georgien auf den Dörfern
Für tausend Rubel unter Verkaufsstellenleitern
Und das Gerichtsurteil, das festlegt, daß
Das nicht gut geht, wird dort nicht gut verstanden)
Wenn man ihn kriegt. Der ist trüb rot
Mit einem Schein von Lila in der Neige
Bräunlich bei vollem Glas, sanft und
Restsüß (Mein Gott, die ziehen dort Trauben
Die haben was von Riesenheidelbeeren
Die du als Kind träumst, und du denkst, die Sonne
Ist was zum Schlucken über Teefeldern
Bergwegen und Feigen; und wenn du ihn kriegst
Singst du nach einer Flasche dreistimmig
Mit bärtigen traurigen Männern unterm Himmel)
Und schwer zu transportieren. Nämlich weil
Er keine Erschütterung verträgt auf weite Strecken
Hatte man damals Spezialfahrzeuge
Dreitausend Kilometer Weg bis Moskau
Wo Er ihn trank, wenn nachts im Kreml Licht war
Die Ernte eines Jahrs in einem Jahr
(Der Alttrotzkist Bronzéwitsch, der von Trotzki
Sich losgesagt hatte, kam 35 ins Lager
Weil er, hieß es, den Chef ermorden wollte
Er schrieb an Stalin, der ihn freiließ und
Zum Neujahrsempfang holte in den Kreml
Zu Wodka und Kindsmarauli, nach dem Gongschlag
Sagte er laut, indem er mit B. anstieß:
»Und doch wolltest du mich abmurksen«; eines Nachts
Beschlossen Stalin und Berija, sich zu B.
Zum Abendbrot zu laden, und erschienen –
Der beiden Büsten vor der Pförtnersfrau –

Mit einem Auto voll Töpfen und Schüsseln
Und gingen spät nachts fort; Bronzéwitsch, der
Von nichts zu leben hatte, dachte, nun
Reicht er zwei Monate, früh acht erschien
Ein Auto und fuhr alles wieder weg)
Denkt man das beim Trinken? nein, man denkt an
 Schatten
Und lange Tische und Granatapfelblüten
Bebuschter Hügel sanft dunstige Linien
Und Lieder, denn Georgien war mal Weltreich
Und wenn daran, dann daß sie J. dort lieben
Als einer Welt Herrn; was tut Einer, wenn er
Die Dichter seines Lands fast alle ausmachte?
Er trinkt Kindsmarauli, das macht leicht
Und sichert ein Stück Nachwelt, das die Toten
Einem sonst wegfressen gleichbleibend starrsinnig:
Der Großmörder Gedächtnis bleibt in ihren
Menschlichen Zügen

1976

In der Kreisstadt Werneuchen

In der Kreisstadt Werneuchen ist das soziale Bewußtsein
 entwickelt
In der Kreisstadt Werneuchen hängt man sich auf
Wenn man aus dem Leben will. Keine Gashähne
Die, aufgedreht, Explosionen verursachen
Können, keine Ertränkungen wegen des
Fischbestands, keine Sprünge von Türmen
(Wem auf den Kopf). Neulich, sagt mir Frau W.,
Hängte sich Lehrer X. auf, an einem Dachbalken
Alle Bodenfenster geöffnet, daß die durchstreichende Luft
Langsames Trocknen bewirkte, fast keine Fäulnis
Und, sagt sie: Der Mensch
Macht das am Abend vor seinem Urlaub
Der war doch bezahlt.

März 1976

Soziologie des Witzes

Drei Soziologen, forschend über Witze
Ergründeten im Auftrag gegen diesen
Daß jeder zweite bessere geschöpft wird
Im Apparat. Zum Beispiel: Rentner
In England gehn, nach Aufstehn, Duschen, Porridge
Und Zeitung gegen elf, einer Zigarre
Rauch fortblasend, zum Hydepark. Die in Frankreich
Wo man zu Hause nicht frühstückt, trotten halb elf
Nach Hörnchen, Kaffee und Pernod im Bistro
Frauen gutachten oder angeln. Unsere
Haun fünf Uhr fünfundzwanzig auf den Wecker
Springen ins Zeug, schlucken ein Meßglas voll
Herztropfen und, die Stullentasche packend
Humpeln zur Arbeit. Ach, denke ich
Vor Lachen ächzend, daß das Bauchfell wehtut
Wann gehts dem Volk gut? Wenn es Witze reißt.
Wo sitzt das Volk jetzt? Oben. Über wem?
Ein Witz ist wann ein Witz: dann, wenn er wahr ist.

1976

Wünschen Neujahr 1977

I Sonett

Ja schöne Zeit, da man noch wünschen kann.
Das Jahr wird spitz. Doch wenn wirs so benennen
Wird es, kann sein, uns nicht so scharf verbrennen
Am Mund, der was? der immer noch, wo? an

Seltsamen Örtern, wie? verzerrt, doch noch
Redet, und sagt was ist, indem er ausspricht
Was nicht ist (das heißt wünscht); so kleine Voraussicht
Hält uns vielleicht noch weg von jenem Loch

Das, weiß man, gähnt, damit wir wunschlos werden.
Und wunschlos, brüllt das All uns, das ist glücklich.
Das will ich nicht. Höchstens, daß jetzt ein Stück ich
Zeit zwischen Mund und Mund, und hier auf Erden

Dir ablaß, und du willst mich; das gewinn ich.
Was ist denn Trost. Ich wünsche, also bin ich.

II Toast

Alle Raketen sollen um Mitternacht auslaufen
Und den Brennstoff die Generale saufen.

Wenn wer wo blutet, soll wer ihn verbinden.
Wer Hunger hat, soll wenigstens Reis finden.

In den Flüssen soll Süßwasser mit Fischen fließen.
Wer sein Gewehr liebt, soll sich erschießen.

Wem nach reden ist, soll sich nicht den Mund verbrennen.
Der Freund soll die Freundin noch erkennen.

Es soll manchmal regnen oder schnein
Die Blätter sollen grün und die Bäume schön sein.

1976

Gedächtnis Mandelstams

Ja, manchmal muß man sich ins Messer werfen.
Zwar, die Geschichte feixt. Da waren welche
Statt etwas besserem nahmen sie die Kelche
Und statt am Leben den Verstand zu schärfen

Kippten sies pur. Nun wird sie niemand lesen.
Des Dichters Ton sei heiter – manche wollen
Anstatt zu merken, wie wo Köpfe rollen
Ihren hochhalten, da sind sie gewesen:

Der Toten Stummheit zeigt ihr Unverständnis.
Und daß Stahl Fleisch hackt, wußten doch auch sie.
Was macht das Leben sicher? Ein Geständnis
Was ist, ist, weil es ist.
                       Was wollten die?

Reden. Statt sich zu freuen, daß sie lebten.
Da sieht man, wie die bloß in Lüften schwebten.

November 1976

Tod der Dichter

Was, wenn wir trinken
Die Sterne
Oben
Fühln sie?
Eine Gasmasse
Lacht nicht, zerläuft ein Planet
Noch brüllt sie. Wir
Üben uns, leisezusprechen
Gradstehn gradstehn
Und altern
Stolz
Steinernen Gesichts
Nur das Herz schneller

Januar/März 1977

Lehre Pascals

für Mickel

Gott, sagt Pascal, verbirgt sich. Nicht nur daß
Ihn keiner sieht, er ist, sagt Pascal, so
Daß mittels keiner Gnade oder Handeln
Ihn auszumachen Aussicht ist, also nie wer
Gewißheit hat, daß er tatsächlich da ist
Hinter der Welt: man kann nur auf ihn wetten
Und damit leben; wenn einer, sagt Pascal
Sich findet zwischen zwei Extremen, darf er
Nie die Mitte wählen, sondern muß
Beide Enden aushalten! in den Weltläuften
Ist nirgendeine Wahrheit, deren Gegen-
Teil nicht zuträfe. Freigeistern
Rät Pascal, tägliche Gebets- und Buß-
Übungen zu vollziehen, um sich dadurch
Allmählich dumpf zu machen; Wissenschaft
Ist, schimpft er, von allen Ausflüchten die dümmste
Und nennt insonderheit die Geometrie
In der er viel entdeckte, im hohen Alter
Entwarf er ein Projekt, mietbare Kutschen
Zu fünf Sols pro Fahrt als Großfuhrpark einzurichten
Und meinte alles ernst; als man
Schreibt Pascal über Politik, das Gerechte
Nicht finden konnte, ist man auf Macht verfallen.

Mai 1977

Blaise Pascal – 1623–1662

Richard III.

Von Mord zu Mord der Weg nach oben, oben
Ist keiner mehr im Weg, man ist es selber
Und muß nach unten morden, jeder Dolch
Ist umdrehbar und muß mit sieben Dolchen
Gehalten werden, daß er sich nicht umdreht
Und sieben Dolche brauchen neunundvierzig
Der Dolch des Dolches Dolch, und Zungen sind
Da sie den Dolchen Richtung geben, Dolche
Der Blick vom Gipfel ist der Blick zum Abgrund
Und aller Toten Zungen, denkt man, reden

Juni 1977

Tragödien erzählt

Das ist Herr Brosch, Sportsmann, auf einem Pferd.
Das Pferd ist schnell, und darum sehr viel wert.

Doch auch das schnellste Pferd muß einmal trinken.
Brosch späht. Will nirgends eine Quelle blinken?

Sie blinkt. Versteckt jedoch, mit krankem Fuß
Liegt dort Herr Gull, der dringend weiter muß.

Doch auch Herr Brosch will eilig sehr viel weiter
Und sieht Herrn Gull nicht; also ist er heiter.

Dies eben nutzt Herr Gull zu seiner Tat
Und zwar, nachdem das Pferd getrunken hat.

Da sitzt er auf. Sprengt los. Kommt, hinkend, an.
Wer das schnelle Pferd hat, ist der bessere Mann.

Oktober 1978

Begräbnis des Vaters

Die kalten Tage. Wenn es abends heult
Falln wir zusammen, und die vielen Blätter
Sind wo nicht wir sind. Immer eine Frau
Die um uns leidet, und die Ungerührten
Altern wie Wegweiser. Schneematsch
Auf den Straßen, das Ausgehn der Menschheit
Wird langsam sein, eine Grippe, Grünmangel
Übles Gefühl in den Augenlidern

Januar 1979

Die Zunge

für Christa Wolf

Gott schuf das Schwein, schreibt ein Kollege, das
Lebte gefährlich, weil es rosig war
Und zarten Fleischs, daß alle Welt es briet
Bis es sich Warzen anwuchs, Hornhaut, Stacheln
Und, so mutiert, vor lauter Panzer nicht
Mehr gehen konnte, Hyänen fraßen den Rest. Sagen
Will mein Kollege: Schutzlos ist der Mensch
Folglich erfinderisch, regsam, liebbedürftig
Sein nächstes Wesen selber, aber schutzlos
Sein macht müd, Müdsein braucht Sicherheit
Die Ordnung fordert, Ordnung zeugt Chaos
Das schärfere Ordnung vorruft, eingemauert
Sind wir sicher und tot. Warum sagt er das nicht?
Die Zähne in der Zunge. Ach, wie reden.

Januar 1979

Nonsens-Verse

I
Wie Unsinn Sinn wird, ist des Sinns Geheimnis.
Was sah ich nachts? Wie einem Kopf der Leim riß.

II
Wer wes wem wen? die alten Fragen bleiben
Im neuen Topf, in dem wir rauchend treiben.

III
Er fiel sehr tief, jetzt wird sein Leib gegossen.
Was ein Mann war, zeigt sich, ist er erschossen.

IV
Vor man mich eines Fehltritts überführt
Mann sein! schrie X., der sich selbst füsiliert.

V
Worte im Wolf? da muß wer sein, der dreht
Und nickt, damit dem Wolf kein Wort entgeht.

VI
Schwitzend im Traum: Er sah, sein Standbild schmolz.
Mot-Schützen schießen seinen Kopf in Holz.

Februar 1979

Der Untergang

(Rede des Kapitäns)

für Stephan Hermlin

»Da es so ist, das Unabänderliche
Ist wie sein Name sagt, was immer
Geschieht vorher, es ist ein Vorgeschehen
Vor dem«; »der Koch, bei Strafe
Vorzeitigen Hängens, soll mit höchster Kunst
Kochen bis nichts mehr da ist, es ist reichlich
Vorrat für die Restfrist, von Männern die
Sich Einer verweigern, oder Frauen Einem
Will ich nichts hören. Seh ich da
Den Schiffsjungen, ungekämmt, mit dreckigen Pfoten
Teller schleppen? ins Bad, und schnell sauber
Oder drei Tage Bau«

Februar 1979

Im Stil Tu Fus

Kühl der Sommer, Äste falln von Bäumen
Unmerklich, früh und abends das Radio
Sendet Ölpreis und Tote, die Schätzungen
Runden sich aufsteigend. Ruhe, Ruhe.

Juli 1979

Tu Fu (712-770), chinesischer Dichter

Herr und Hund

Der Herr des Hundes ist der Herr, weil er
Den Hund hat, ohne diesen wäre er
Nicht er, folglich, er liebt den Hund. Was wäre
Er ohne ihn? Kein Herr. Wie? Macht der Hund den
    Herrn
Den Schöpfer das Geschöpf? Wer ist noch wer?
Herr sein ist ein Verhältnis, es beweist sich
In des Hunds Springen, folglich pfeift der Herr
Und schlägt den Hund, damit er sicher ist
Wer er ist. Bleibt ers? Sicher ist, was täglich
Sich wiederholt, jeder Schlag schmerzt den Schläger
Mehr als den Geschlagenen, weiß man, folglich
Der Herr haßt seinen Hund, der ihm so weh tut
Und nimmt das Beil. Nun ist der Hund begraben
Der Herr vorm Grab brüllt und will was? Raketen

August 1979

Rat zu üben

Dem Waffenlosen
Bleibt was? die Vernunft.
Wahr, es ist leichter sich aufzuhängen
Als das Gebelfer der Waffenträger
Fünf Minuten bloß zu ertragen:
Die Vernunft
Ist eine furchtbare Last
Nur die Vernünftigsten
Gehn mit ihr
Ein paar Schritte.

März 1977

Kunst
in Mark Brandenburg

Gedichte 1979–1987

Gesehen, gehört

Pappeln, die hohen Bäume, vom Grundstück
Der Zank der Familien. Im See
Sind noch Fische, das Gras
Scheint grün nach dem Regen.

August 1979

Luxushotelbrand Saragossa 1979

»So, Generale«, sagt mein Freund M., »leicht zweifelnd
 zwar ahnten
Wir, daß sie Menschen sind, schon; daß sie auch
 brennbar sind, nicht.«

August 1979

Zwei Distichen über Theater

1
»Sahen Sie A.s neustes Stück?« »Eben gestern.« »Ja
 prachtvoll! wie ist es?«
»Ganz ein Spiegel der Welt.« »Wie! schreibt auch A.
 jetzt so schlecht?«

2
»B. schreibt jetzt über das Wetter.« »Höchst mutig und
 nützlich! wie wird es?«
»Das sagt er nicht.« »Was denn dann?« »Daß es
 veränderbar ist.«

April 1980

Glockenblumen

»Glockenblumen, einer Früh die Sonne
Geht nicht mehr auf, nachtsichtige Rehe fressen
Das Wiesengras ab, langsam Füchse Wölfe
Reißen was Gras kaut, Menschen mit Scheinwerfern
Ernten die großen Felder mittags und
Gehn nachts auf Wolfsjagd. Wolfssteak ist
Sechs Monate das große Modeessen, in den Städten
Hat man die Licht-Stunde. Wovon schlägt im März
Kein Wald aus? Efeumutanten kriechen
Grausilbern unterm Firmament, Gemüse;
Wer stahl wem den UV-Strahler? konzentrisch
Wälzen sich Heere zur Gewächshauszone
Ums Mittelmeer, die Generäle
In Pelzen führen den Radio-Krieg
Mit tausend Dezibel, noch wärmt die Liebe
Die Letzten klettern fröstelnd in Vulkane«

Januar/April 1980

Im Ton Mandelstams

Noch fahr ich. Und wohin? Die große Landschaft
Von Pinien und Zypressen streckt sich grün
Kühl sind die Abende. Die Unverwandtschaft
Ist leicht der Dinge, wenn Limonen blühn

Und die Zikaden schrein. Der Thymianstauden
Blaugrüner Duft kriecht leise überm Gras
Die Krüppeleichen stehn, und seltsam lauten
Die Wegschilder nach Norden. »Jedes Glas

Vom trocknen Rotwein, schmeckst dus, ist ein Sieg
Über den Caesar, jedes würzige Fleisch
Das du am Gaumen spürst, gegen das Weltall

Ein Aber-Leben« – und wenn alles fällt, fall
Ich langsamer als das zu schwere Reich
Der Ordner, dich im Arm, Kind. Krieg ist Krieg.

Oktober 1980

Ossip Emiljewitsch Mandelstam, geboren 1891, umgekommen bei Wladiwostok 1938. Ich halte Mandelstam für den bedeutendsten russischen Dichter des 20. Jahrhunderts.

Weltgeschichte

Wer liebt das Volk? Die nicht das Volk sind. Oben
Auf den verschiedenen Ebenen gehn sie, liegen
Beinahe wie Menschen, manche, sagt man, führen
Zweimal im Monat ihr Glied nachts ins süße Loch
Einer tatsächlichen Frau, die sie
»Ernstwirklich existierend« nennen.
Was weiß das Volk? daß es
Unten ist. Sollte es? Ach, wie es
Arbeitet, schwitzt, frißt, säuft, vögelt!; ein
Rührendes, blickt man hin! milde
Seien ihm Strafen, nur einmal
In sechstausend Jahren die Sintflut.
Siehe die seltsam verschnittenen Pappeln.
Kommt der Tod, fahrn sie in
Die Ewigkeiten der Grabsteine, gespiegelt
Von azurnen Gewölben, aus denen sie
Myriaden, blicken aufs Volk, das
Noch immer da ist, unter ihrem
Starr wachenden Aug, und das tröstliche Wissen
Um die Höhe der Himmel.

Oktober 1980

Prometheus oder Das Ende vom Lied

Groß in Gesängen rühmten die Alten den Schaffer
    Prometheus,
Weil er das Feuer uns gab; wir heute schlucken den
    Rauch.

Februar 1981

Vier Nachdichtungen aus Petrarca

Canzone XXXIV

Glaubte ich, Tod befreit und ließe rasten
Von, was in Staub mich wirft, liebendem Denken –
Mit meiner Hand wollte dem Staub ich schenken
Des Körpers Last und alle diese Lasten.

Doch, fürchtend, das wär nur ein Übergehen
Von Trän zu Träne, einem Krieg zum andern,
Muß diesseits jenes Schritts ich Ärmster wandern
Im Hier, im Dort halb, und statt hingehn gehen.

Zeit wäre wohl, daß nun auch er, der letzte
Pfeil abflög von der mitleidlosen Sehne,
Den Vieler Blut schon färbte und benetzte.

Ich bitte Amor drum und sie, die Taube,
Die mich rückließ in gleicher Farb wie jene
Und mich vergaß, der ich allein ihr glaube.

Francesco Petrarca, 1304-1374. Wie vor ihm Dante Beatrice, wählt Petrarca die – im wirklichen Leben verheiratete, 1348 an der Pest verstorbene – Laura, der er im April 1327 erstmals begegnete, zur idealen Geliebten und widmet ihr fortan Gedichte, die er 1370 gesammelt herausgibt. Die hier aufgenommenen Texte sind Nachdichtungen im strengen Sinn, keine freien Paraphrasen. Die Stellen sie, die Taube *(C. 34),* der Schönen, milderen Apriles *(C. 67),* der Bilder Bild *(C 94),* Tot ist, die damals,* SIE *(C. 293) beziehen sich sämtlich auf Laura. Das »stirnschmückende Laub« (C. 67) ist Lorbeer, ital.* lauro, *davon der Name der Geliebten sich herleitet.*

Canzone LXVII

An des tyrrhenischen Meeres linkem Strande,
Wo unterm Wind zerstiebend Wellen stöhnen,
Schien das stirnschmückende Laub, das mit
    der Schönen
Namen ich füglich oft auf Blätter bannte.

Amor, kochend in meiner Seele Innen,
Da er vors Aug mir blonde Zöpfe malte,
Schob mich – und in die grasumwachsene Spalte
Glitt ich dem Tod nah und kaum noch bei Sinnen.

Allein im Wäldchen und inmitten Hügeln
Kam Scham mich an – so Weniges genügte
Dem edlen Herzen als stachelnde Leuchte.

Doch könnte Trost sein, wenn der Augen Feuchte,
Die nun des Fußes war, da 's sich so fügte,
Trocknet von milderen Apriles Flügeln.

Canzone XCIV

Tritt ein durchs Aug ins Herz, das nimmerleere,
Der Bilder Bild, schwinden dort alle andern,
Und, sacht verteilt noch in den Gliedern, wandern
Die Tugenden fort wie von zu großer Schwere.

Und aus dem ersten Zauber wächst ein zweiter
Bisweilen: Daß das so vertriebene Helle,
Sich selber fliehend, kommt an eine Stelle,
Wo sein Exil Vergeltung wird und heiter.

Totenblässe erscheint dann auf vier Wangen:
Weil, was lebendig sich im Wirken übte,
Weilt, wo sein Platz nicht ist, und bleibt gefangen.

Dies, deutlich, kam mir ins Erinnern heute,
Da ich des Antlitz' Farbe zwei Verliebte
Jäh wechseln sah, leidend, was ich oft leide.

Canzone CCXCIII

Wußte ich, vielen würden einst so teuer
Der Seufzer Stimmen, die in Versen dauern –
Ich hätte sie geformt vom ersten Schauern
Zu Mehr an Zahl und Klang von edlerem Feuer.

Tot ist, die damals mich zum Reden brachte
Und meines Denkens Herrscherin war die Weile;
Ich kanns nicht mehr – mir fehlt die süße Feile,
Die Düsternis so lieblich singen machte.

Und doch suchte ich nichts als das zuzeiten:
All meines Herzens Schmerzen zu entladen
Wies eben ging; nicht, Ruhm mir zu erstreiten.

Ich wollte weinen, nicht des Weinens Ehre.
Jetzt, da ich gern gefiel, ruft SIE voll Gnade
Mich mürrisch Müden, daß ich bei ihr wäre.

Juli/September 1981

Negentropie

In den Dämmerungen
Sitzen die Geister und fressen
Das Nichts weg. »Ist dir bekannt«
Sagt einer dem andern (von einer Weide
Zum Dachfirst), »daß die Große Mutter
Mit E anfängt, endet? Kein Tröstendes
Vom Grund.« »Uh«, mault der zweite
Kauend, »keins, das ist kalt. Wir aber
Verdauen doch, nein?« von einem Dach-
first zur Weide, alles Zeit

März 1982

Entropie ist ein physikalisches Maß für Unordnung, d.h. es mißt den Grad der Annäherung an die statistische Zufallsverteilung; alle Ordnung ist Abweichung von der Zufallsverteilung (vom Chaos) und benötigt starke Energiegefälle. Nach einem Grundsatz der Thermodynamik nimmt die Entropie in jedem geschlossenen System beständig zu, d.h., das System sinkt in qualitativ niederere, »spannungslosere« Zustände des Energieaustauschs – es sei denn, es bezieht Negentropie (negative Entropie) aus einem Suprasystem, verlagert die Entropie also als eine Art Müll nach außen. Denkt man das Weltall als geschlossenes System, das ein Außen nicht haben kann, folgt daraus sein letztendlicher »Wärmetod«. Der Entropiesatz ist so eine physikalische Erklärung für die Unumkehrbarkeit der Zeit. – Als der Amerikaner Shannon für Zwecke der Kostenminimierung des Telefonnetzes eine quantitativ handhabbare Formel für »Information« anbot, ähnelte diese der für Entropierechnungen üblichen, trug allerdings andere Vorzeichen; man hat so Information – als Ordnungen hohen Grades voraussetzendes, repräsentierendes und »schaffendes« Ereignis – versuchsweise als »negative Entropie« definiert.

Mathematisch

Sand Sand Gespräche wo ist eine Glocke
Uns einzuläuten wenn der Quotient
Aus wandernden Ängsten und Erfahrenheit
Scharf unter Eins fällt. Bist dus bist dus nicht
Die auf mich wie? aus Spiegeln? blickt und spricht:
Freund, alles ist erlernbar. Sachtheit wissend
Läßt Küsse schmecken als ob Küsse sind
Was schmeckt wie Küsse. Halt die Uhren an
Wollte ich rufen da stellst du den Wecker
Sand läuft die Zeit das Bett des Tods
Anfang heißt Höflichkeit
Liebste, laß uns grob sein, oder wie

Juni 1982

Z. 2–4: Die Formel ist der trivialen Bruchrechnung entlehnt: wird Erfahrenheit *größer als die* wandernden Ängste, *sinkt das Ergebnis unter Eins (geht gegen Null). – Z. 10/11: Die Kettung von vier Substantiven ist eine Engführung, wie sie zu Bachs Zeiten in der Musik noch gang und gäbe war; die Lesarten* die Zeit das Bett des Tods *und des* Tods Anfang heißt ... *gelten gleicherweise.*

Im Maß Petrarcas

Wolltest du ich sein wie ich du bin: Wäre
Zeit Unzeit dann, der festentflochtenen Haare
Aschblondheit Regen, mit dem Tag und Jahre
Rückfielen wie in mondbewegter Meere
Hinspiel und Gegenspiel, da schlagend Wellen
Getier am Ort belassen, Größeres treibend
Und wir, im salzigtrüben Tiefen, bleibend?
Wirkten des Welttods Gegengrund im schnellen
Gemeinen Wechsel, der wie lang er währte
Um was sonst Zeit ist fischgleich Strudel nährte
Die unser Atmen aufschickt und erhält?
Dein Haar ists, das mir in die Augen fällt
Daß ich neu sähe; was? was Blinde sehen.
Sprich was du weißt, die Augenblicke gehen.

Juni 1982

Kunst in Mark Brandenburg

P. der bekannte Porträtlandschafter
Entwirft seine berühmten historischen Reliefs
Bei Frost in gewässertem Sand.
Jej! sagt er, wenn er Napoleons Nase
Mit Hilfe zweier Traktoren und
Fünf elektronisch gesteuerter Kleinkomplexgrabschaufler
Aufwirft und in die Pupillen per Hand mit Spezialkrallen
Die Grande Armee modelliert: Jej, wenn das taut!, und
Ech! wenn er Lenin linksrechts
Apparate aus den Jackettaschen kultiviert, die
Schutztruppe, die innere Schutztruppe, der inne-
ren Schutztruppe Schutztruppe und bereits nur noch
    metergroße
MPis aus einem System ineinandergreifender Arme und
Ohrmuscheln: Ech! wenn der Wind kommt;
Fünf Hektar weiter die Porträts der Führer des Lands
In Besenginster geschnitten mit Nestern für Feldammern
    drin
Rechts vom sogenannten Fahnenwald, der eine
    unsingbare Hymne
Unterstützt von äolsharfenartig geordneten
    Überlandleitungen
Rauschend grundieren wird: Wenn das auswächst! oder
Kein Wind kommt!; P., drachensegelnd
Über dem Bauschuttberg bei Marzahn, wo er mit
    Sprechfunk
Dumperkolonnen hinherschickt für ein Sitzbild des
    Großen
Kurfürsten: Die Erdbeben, ruft er, joi! rücken
Nach Norden, und wenn die nicht
Die Maulwürfe, die

Juni 1982

Nebel

Meine Freundin ist tot, die zärtliche.
Sie kam zeitig abends, sie ging zeitig morgens.
Sie sagte: Bei dir ist es leicht,
Sie sagte: Bei mir ist es kalt.
Sie hat mich selten verraten
Und wenn, arglos.
Also nicht?
Also nicht.
Jetzt denke ich: Fremde
Und: Alles ist zu Ende.

Oktober 1982

Etüde

Wer sächsisch redet kann auch sächsisch denken
Denk ich und küß die Sächsin, die mir blond
Mit braunen Augen da ins Haus geschneit kam
Wer was wann wen? wir sind doch alle hochdeutsch
Und Liebe, nicht? ist international
Ein Bett ein Wein drei Brüste, oder wie
Sagt man die Mehrzahl zweier Fraunhalbkugeln
Und einer Männerbrust? die Seelen doch!
Sinds, die sich da vereinen, wenn es gut war
Und uns hoch wirft und still macht; ist denn sächsisch
Die Liebe üben und dabei noch nachgrübeln?
Ich weiß es doch ich sags nicht, komm nur wieder

Oktober 1982

Memorial

Meinen Freund Kostja haben sie erschlagen
In Moskau 76. Mein Freund Kostja
War zweiundzwanzig und kurz vorm Examen
Als, 52, bei viel Tee mit Wodka
In der Studentenbude nur ein Freund
Er prostete: Kratzt der Chef ab, gebe ich Sekt aus!
Drei Tage später kam das wörtlich, Kostja gestand
Mordabsicht gegen das Staatshaupt, das ergab
Ein Todesurteil mit Begnadigung
(Tod für die Absicht, Gnade fürs Gestehen)
Und fünfundzwanzig Jahre. Mein Freund Kostja
Saß bloß fünf Jahre ab; als ich in Moskau
Ihn 66 traf zum Konjak, war er
Knapp sechsunddreißig und sah aus wie fünfzig.
Manchmal gab man
Ihm einen dicken deutschen Roman zum Übersetzen
Einmal nahm ihn ein West-Team als Ortskenner
Für Dostojewski-Schauplätze, Kostja kaufte
Zwei Anzüge im *Berjoska* und ließ sich
Das Gebiß richten. 68
Kam ich mit einer Freundin nachts, K. hatte
Noch eine Taschenflasche *Black & White*
Mit Plastehunden dran, er sagte:
Trinkt, aber laßt mir die Hunde!
Und las die Bücher nicht, die man ihm schickte
Zweihundert gute deutsche Titel
Wohlgeordnet im Schrank, er verlieh nichts. 76
An einem Spätherbstabend sah ich Kostja
Im offnen Sarg im Westfernsehn aus Moskau
Mit hochgebundenem Kinn, das Altweibergesicht
Schräg in den Kissen, der Kommentator
Sprach Rilke, weil den Kostja übersetzt hat; jemand hatte
Ihn abgelegt nachts vor der Wohnungstür
Vorbei an der Pförtnerin, die nie schlief
Mit Kopfwunden von Flaschenhieben, Kostja lag

Drei Wochen flach im Hospital und riß schon Witze
Bis er dann still war früh. Vorm Sarg die Mutter
Ging langsam im Frost, ein alter Dichter
Sprach Flüche übers Grab. Jeder Mensch vorm Galgen
Sagte mir Kostja, oder sagte wer wem
In Moskau oder sonstwo, überschätzt
Für eine knappe Frist das Weltinteresse
An seiner Luftröhre

Dezember 1982

Konstantin (Kostja) Bogatyrjow, 1930–1976.

Glückliche Fügung

»›So‹, sagte der Postbotenhelfer Maik Wohlrabe
Eines schwarzgrauen Novembermorgens, ›no Bock-time heute‹
Und schüttete, wie er angibt sorgfältig
Den Inhalt zweier Posttaschen in das berühmte
Schlammloch des sehr großen Neubaugebiets, worauf er
In der elterlichen Wohnung drei Bier trank
Und Beat hörte. Gelegentlich«
Sagte Professor Klaus-Werner Konzmann im Kleinen Hörsaal
Des Instituts für Angewandte Statistik, »möchten auch wir
Zufälle Fügungen nennen, wie
Wissenschaft keine Landstraße ist, sondern
Von Schlammloch zu Schlammloch, gleichsam – ich rede in Bildern –
Bergan springt. Hätte nämlich
Jener Wohlrabe (das Gericht
Gab vier Monate bei etlicher Bewährung)
Nicht die einlaufende, sondern abzusendende Post
Dienstwidrig verbracht, wäre ferner
Jenes Schlammloch nicht derart bekannt, daß wichtbare Teilmengen
Von Umwohnern es nicht mehr bemerkten, folglich einer hineinfiel, somit
Samt dem zu Rettenden erwähnte Briefschaften ans Licht
Kamen und untersucht
Hätten werden können, wäre
Der ganz untypische Aufknick der Selbsttötungskurve jenes Gebiets
Sechs Wochen vor Weihnachten!
Unerklärlich geblieben, wie schönste Korrelationen
Im Weltdunkel. Nun jedoch –
Ermittelt, daß von achthundert Postsachen
Die Hälfte Dienstschreiben sind, ein Neuntel Verwandtengrüße, im Rest aber –

Dem ERPCO oder Eigentlich Relevanten Privaten
    Briefwechsel –
Neunzehn Prozent Mitteilung stecken
In Zweierbeziehung verstrickter Personen (Liebhaber,
    Geliebte, sonst
Aufeinandergewiesen sich Wähnender) über
Nicht vorhersehbares Ausbleiben (Dienstreise,
    Krankheit, Handwerker
Versagende Autos etc.), was, bezogen auf
Den der Population zuzumessenden Anteil
Ernstdepressiver, multipliziert
Mit den Faktoren w, b, v für
Novemberwetter, dortige Bauweise, Versorgungslage bei
Der Telefonlosigkeit jener Gegend und einer
    Fehlermarge
Von plus minus Nullnullfünf die Wahrscheinlichkeit von
    acht Suiziden
Signifikant ergibt, der vorgefallene neunte
Kann ein Unfall gewesen
Sein. Phantasie, meine Damen und Herren«
Sagte Professor Konzmann, »ziert, ja!
Den Statistiker; Sie stellen sich vor
Deutschland 1774, Auslieferung
Von J. W. Goethes *Werther*, dreißig Maik Wohlrabes
In deutschen Kleingroßstädten: Wieviel
Verhinderte Selbstmorde, wie viele von uns
Hätten, vielleicht, einen anderen
Vater, säßen nicht hier, könnten (Sie dürfen
Ihre Taschenrechner benutzen)
Nicht rechnen«

Dezember 1982

Lage am See

Es ist ihr sie weiß nicht wie sie sieht tags überm Schnee
Mir im Körper wohnt eine
Mordende Seele die läßt hinter sich
Seufzende Frauen todsüchtig die machen
Ihr das Haar ausfallen, nun, meint sie
Soll ich mich strafen. Was
Kostet ihn, träumt sie, der Weg
Übers Eis ins Eiswasser? Ginge ich
Sie weinte
Und behielte ihr Haar.

März 1983

Claudine oder Die Weltläufte

Hübsche Claudine, mußt du bei mir weinen?
Dein Loch ist wundersüß, ich gönn es keinem
So glatt wie mir, doch kann ichs nicht verwalten
Als Eigentum: Schwäch wen du schwächst!, und halten
Dich andre aus, sei seufzend guter Dinge.
(Es gibt der Güter schlimmere und geringe,
Das schlimmste ist: Claudine unverspundet.)
Dann nämlich will sie, daß die Welt gesundet,
Und wenn die Welt das nicht so eilig möchte,
Schwindelt Claudine sie höchst laut zurechte,
Und weil das wehtut, kommen ihr die Tränen.
Es ist ja wahr: ein Balg mit Sägespänen
Strengt nicht so an; was mach ichs dir? Mir scheint:
Weil Eine weniger dann lügt und weint.

1983/1986

Homo habilis novus

Das Herz in Sicherheit, wo? in den Hosen.
Der Kopf für alle Fälle unterm Arm.
Das Hirn auf Grundeis, doch die Nase warm
Von Wechselwinden aus dem Grenzenlosen
Der höhernstocks getätigten Verdauung;
Und statt der Welt zur Hand die Weltanschauung.

Juli 1986

lat. homo – *Mensch,* habilis – *geschickt, tauglich, passend,* novus – *neu.* Homo habilis *ist ein alter Fachterminus für den Werkzeuge brauchenden Vormenschen.*

Nux rerum impatiens

Gabrielchen, Kapriölchen,
In so manchem Feuer Ölchen,
Unter manchem Kleide Leibchen,
Mancher Herren Zeitvertreibchen,
Vogtlands lautstes Lügenmärchen,
Östlich glatt bis in die Härchen,
Weis dem Weltgeist nur den Rücken –
Er verharrt und wird dich ficken.

Juli 1986

lat. nux – *Kern;* res *(Gen. Pl.* rerum*)* – *Ding, Sache;* impatiens – *unleidend, ungeduldig, eifrig, bezeichnet in der Gartenkunde besonders blühwilliges Verhalten von Pflanzenarten. Übersetzt hieße die Überschrift etwa »Der unverwüstliche Kern der Dinge«.*

Petrarca nördlich versetzt

Zarte Gedungene, küßt du mir die Lippen?
Unsicher scheint, ob man für länger liebt,
Wenn man sich trockenen Munds die Mühe gibt,
Und sichrer, vorher sacht vom Wein zu kippen,
Und heiterer als den kippen ist ihn schlürfen.
Dazu, wahr, braucht er Fülle. Wie jetzt das?
Dies sirupöde dumpfgepanschte Naß,
Das sie dem Volk am Markt verkaufen dürfen:
Bringts nicht gleich Tod, verfault es doch die Lust.
Reift Bartels Most denn in Chemiefabriken?
Kann euch die Traube nur in Liedern glücken?
Und soll ich würgen an der Liebreichsten Brust?
Unlaunig, nist ich mich der Gegend ein,
Und schaff mir einen Berg, und baue Wein.

August 1986

wissen, wo Bartel den Most holt – *alle Schliche kennen, die rechte Informationsquelle haben, wissen wo. Der Ausdruck ist mir aus* Grimms Märchen *geläufig, scheint aber heute, da Pädagogen die Grimmschen Texte bearbeiten, vergessen.*

Ökonomie

Zahlt nur den Dichtern kein Geld, dann die, im Hui! wie
    die Teufel
Umgehend werden volksnah, nehmen Sie bloß die Musik:
Zwei Harmonien für ein Stück reichen den Neuen vom
    Rock jetzt
Und das holt ein, erzählt wird, einer, ein Alter, bestand
Hirnsteif auf zwölf Harmonien und wußte im Schlaf alle
    Tonleitern:
Es-Moll, kaputt! der Idiot kaut längst sein Brusthaar
    beim Heer
Der Arbeitslosen

August 1986

Erklärung zu Vorigem

Form, klar, ist volksfern, hochnot Inhalt, und der flute
    wirksam
Als lauteres Gefühl, das gleich die Menge erlöst;
So ich, noch eben oben merkwürdig im Distichon redend,
Dachte des Portemonnaies, spürte das Nichts und beschloß
Künftig eisern zu schlampen und ließ jedes Wort, wo es
    hinfiel,
Hand am Hals hoffend, nun schickt die Behörde mir Bier.

August 1986

Bescheid zu Vor- und Vorvorigem

Hintäuscht Vrfssr. Unkunst kunstreich mit nichttümlichem
   Scheinschlamp:
Alles Distichons! kein Bier; hust er bei Chlorkalk und
   Chips.

September 1986

Der Tausch

Es wird erzählt, vor vier Wochen, Monaten oder in vierhundert Jahren hätten zwei für den äußeren Handel zuständige hohe Beamte an einem sehr geheimen Ort sich getroffen und, während sie badeten, angenehm aßen und sogar nachts mit zugeworbenen autochthonen sowie eingeflogenen beidländischen Mitarbeiterinnen der Liebe genossen, nicht nur in neunzigtägiger Arbeit ein musterhaftes Abkommen zum gegenseitigen Vorteil geschlossen, sondern auch, nachdem beide eingesehen, Betrugs- und Übertölpelungsmanöver müßten an der Intelligenz und Wohlinformiertheit des anderen scheitern, zunächst Achtung, dann Sympathie, schließlich ein solches Maß vernünftiger Zuneigung zueinander entwickelt, daß sie, in einer hellen Mondnacht, bei leichtem körperreichen Wein und nachdem sie ihre Lieblingsbeischläferinnen in die Quartiere vorausgeschickt, den Beschluß gefaßt, einander im Ernst auszutauschen und somit allen Versuchen und Versuchungen, das Abkommen irgendwie zu hintertreiben, ein für allemal einen Riegel vorzuschieben; der Versuch gelang, und die Beziehungen beider Länder blühten während sechzehn Jahren aufs Erfreulichste, zumal jeder der sich ausgetauscht Habenden das Vertrauen des ihm nun überordneten Staatslenkers bald zu gewinnen wußte. Sie müssen sich jenes zu gewiß geworden sein; durch dumme Nachlässigkeit nämlich kam, nach, wie gesagt, sechzehn Jahren, das Ganze dennoch zu Ohren der genannten Lenker, die einander sofort anriefen, trafen, empört fragten, ob sie sich wohl nun auch austauschen müßten, und die Beseitigung der beiden vereinbarten. Dies geschah sehr gründlich, unter Einbeziehung sämtlicher Bediensteten, Geliebten, Haustiere usw.; zunächst aus Not entstand aus den Resten ein mehrere Quadratkilometer einnehmendes Massengrab inmitten einer Kulturwüste, mit zwei enormen Eisenholzbäumen über den sogenannten Hauptmahnpunkten oder Zentralgräbern, zu denen die Staatschefs bzw. deren Nachfolger jährlich pilgern um, getrennt, Kränze niederzulegen oder an den Stämmen aufzuhängen; die Frage, wem welches Grab bzw. welcher Baum rechtens zustände, hat über die Jahrhunderte ein ausgedehntes mythographisches Schrifttum hervorgebracht und manchem Schreibenden, der sich in der Wirrnis der Ereignisse und Deutungen endlich doch zurechtfand, schlimme Schicksale beschert.

1984/1986

Sterbelager preußisch

Merkbare Sätze, hör ich, sind vonnöten.
So daß, wenn du schon ahnst, daß du bald kippst,
Du immerhin vor Schluß die Zeichen übst,
Die andern ohne dich an Auskunft böten,
Was die, träg lallend, eignen Blicks nicht finden:
Der Stumpfsinn ihre Brunst. So aber bleibt
Was Stachelndes, das sie zum Blinzeln treibt:
Die Mücken, doch noch, tanzen um die Linden,
Mittage wehn, Handwerker kaufen Schnaps,
Systeme blühn und reifen zum Kollaps,
In ferner Landschaft schießt man sich um Reis,
Der Tod hebt an im Mund, sein Farb ist weiß;
Und schneller drehn sich in der Welt die Dinge,
Um die es, ginge es um noch was, ginge.

Oktober 1986

Die Tangentialen

1

Stets in der Mitte im Zug der Geschichte: Es ist
Eng da, die Luft knapp, gerüttelt die Standfesten
Halten sich aneinander, das rauhere Schuhwerk
    entscheidet
Im Clinch der Ellbogen, wie aber, schlingert es, kotzen?
Gegen den Wind nie, nur mit ihm! das ist
Rückwärts zur Fahrtrichtung, bis sie aufs neue nach
    vorn spähn
Zukunftsbeweht, im Nacken Bespieene
Speiend, Spray übers Land des Zugs Schweif
Kometengleich. Dachlos wandlos nämlich, sagt Stalin
Geht die Fahrt. So daß, Rechtskurve! die da links außen
Wegwedeln, tangential zum Kurs, und, hartlinks!
Wer rechts stand in die Taiga; allein die unbeirrt Treuen,
Der Mittleren Mitte, bilden, umeist
Von Lenkers lebendem Atem, endlich
Die Linie. Was, wenn die Gleise aufhörn?

2

(Oder der Zug, unbedürfend etwelcher Schienen, rast hin
auf Magnetkissen, eine Feldanomalie hebt ihn vom Erd-
großkreis in die Hyperbel, daß er entschwindet im
eignen Zenit: Jede Linie, von unten gesehn, wird zum
Punkt unortbar entfernt, beschleunigt auf Lichttempo ein
monolithener Stab schrumpft gegen Null bei unendlich
wachsender träger Masse und übergeht in die vollkom-
mene Nichtexistenz)

3

Wo aber viele falln, falln manche weich. Leiber
Mindern Leiber Fallwucht: Da die Ersten hart
Aufkrachten, Hirn floß, splitternder Wirbel Salven
Echo die Kurve markt, bricht der zweiten Schicht
Steiß- nur und/oder Schienbein, bis die letzten aus
Des Zugs schleuderndem Heck tangential gleichsinnig
Segeln auf Hackfleisch und Versehrte, das (nicht ihr)
Blut von den Lidern wischen, blinzeln, einen Fuß
Aufs fremde Umland stelln und in frostewigen Grund
Kauend sich einwühln, daß nach Jahr und Aberjahr
Hütten zu sehn sind, Felder, alten neuerlern-
ten Handwerks Weggeflecht, aus dessen strichweisem
Verteiltsein im Gefild wir, Spätgeborene,
Der Großen Strecke Windung stille rechnend rück-
schließen

Oktober/November 1986

Das Gleichnis vom D-Zug wurde zu meiner Studentenzeit oft zitiert und J. W. Stalin (1879-1953) zugeschrieben. – Monolithen (sinngemäß »aus einem Guß«, wörtlich übersetzt indes »einsteinsch«) war eine Wunschvokabel Stalins für den Zustand der Partei. Der bei hoher Geschwindigkeit sich zusammenziehende, dabei Masse = Trägheit akkumulierende Stab ist ein – nicht metaphorischer – Veranschaulichungsbegriff aus Albert Einsteins Spezieller Relativitätstheorie (1905). – Teil 3 hat als Grundversmaß den Trimeter (vgl. Goethe, Pandora*).*

G. folgend

In den Hallen, in den Klausen
Tun die ungenannten Werke
Manche ungern, manche lieber,
Was sein muß, muß nur getan sein.

Andre brüllen, andre heulen,
Schlingen Fettes, schlucken Zucker,
Oder jammern Schädel wiegend,
Weil die Manchen sie schlecht nähren.

Bruder Manch, du gibst den Dummen.
Bruder Anders, du willst schlau sein.
Schräge jählings schlägt der GAU ein.
Manch und Anders sind die Krummen.

November 1986

G. – *Goethe. Das Gedicht ist im Ton des Westöstlichen Divan gehalten.*
GAU – *neutechnische Abkürzung für »Größter Anzunehmender Unfall«.*

Die Zerreißung

»Sie mich, ich sie umfangend, wars, ich rollte
An ihre Seite, und die Zärtlichkeit
Hielt vor und schob des Frührots Unglut weit
Ins Nichtzudenkende, sacht sprach sie: Wollte
Ich nicht gleich ihr gewiß die höchste Nähe?
Und lebt die schwindelnd anders als im Netz,
Zäh gespannt überm Abgrund, das da stets
Halt wär, wenn ich die Welt jahrein besähe?
Und wies mir emsig knüpfend ein paar Schlingen.
Die kamen mir bekannt vor. Daß ich schloß:
Ich sei der Sohlen, nicht der Luft Genoß,
Und fände mich bei Licht wohl bei den Dingen.
Was, schrie ich, wär Verlust, und wo Gewinn,
Wenn ich, vorm Nichts mich rettend, im Nichts bin?«

November/Dezember 1986

Fast Food Country

Öde ist, was tun.
Wer sein heißt ausruhn.
Wollen Sie mehr arbeiten?
Das können Sie auch nicht leiden.
Nun möchten Sie kauen.
Darauf läßt sich bauen.
Zahln Sien Halbpfund mehr.
Ich reiche was her.

Hier zwei Blatt Salat.
Frisch gespült, dafür fad.
Roastbeef, kühl und rot.
Schmeckt nach Pappe mit Jod.
Der gelbe Gips,
Ölrauchend, heißt Chips.
Bohnen aus der Dose,
Süßlich weich, aber lose.

Portion bißchen knapp?
Nehmn Sie doppelt Ketchup.
Am Gaumen zu schal?
Senf dran, gern zweimal.
Gegen alles Gewese
Hilft Mayonnaise.
Ihr Geld bitte gleich;
Ich bin auch nicht reich.

März 1987

Präpositiv konjunkt oder Die neue Romantik

An-
standslos warf sie das Kleid,
Gegen-
standslos mein Begehren.
Um-
standslos verlangt die Zeit,
Wider-
standslos sich zu leeren.

April 1987

Petzow I oder Die Rücksicht

Der Birken schweres Laubgehänge, überdeut-
lich aus des Fensters Viereck, daß des wellenschlag-
armen Sees Spiegel tiefer von der Abendluft
Atem gespannt ist und des Himmels Hintergrund,
Kühl fließend um die Dinge, so der Blätter Schar
Gerandet hält, daß jedes Jahr spät sommers ich
Sie zählen will, und nicht zähl, weil der Säftefluß
Den Stämmen vielleicht stockte, und in Wänden mir
Des Bilds Bild wiederhole, sorgsam andern Orts
Und andrer Jahrzeit, frühlings oder winteraus

April 1987

Petzow – etwa sechs Kilometer von Potsdam in Richtung Brandenburg gelegen. – Das Gedicht, eine Variation auf Karl Mickels »Lindenforum«, ist in Trimetern. Der jambische Trimeter ist, bei sechs Versfüßen und männlichem Ausgang, rhythmisch auf die drittletzte Silbe hin instrumentiert.

Die Dialektik

Zupackend tändeln, tändelnd fassen: Lassen
Durch Tun, und kein Tun lassen – ist,
Klagreich Zuhandene, da du mich küßt,
Unwirklich denn, was wir zart fingernd passen
In schmalste Spalte zwischen Augenblicken,
So daß sich der Sekunden Strecke beult
Und sich, mäandernd, ernst zu Schlingen knäult,
In die wir uns umfangen heiter schicken?
»Des Bleibens ist kein Ort.« »Wir sind der aber.«
»Er geht mit uns.« »So tauch den Blick derweil.«
»Das Licht schmilzt hin.« »Sein wir die Kandelaber.«
»Tod spaltet die.« »Ja, stumpfen wir sein Beil.«
»So sehr, sagst du, gefalln dir meine Brüste?«
»Ich sagte es, wenn ich zu reden wüßte.«

Juni 1987

Der Reim aber – Kandelaber (in »Archaischer Torso Apollos«) war seinerzeit Rilke angekreidet worden; ich nutze die Gelegenheit, einem großen Kollegen Reverenz zu erweisen.

Der Pöbel

Als die Gehörgeschädigten merkwürdig späte beschlossen
Endlich einig zu sein, war M. im Garten zugang.
Hummeln beflogen den Salbei, den Phlox, die
   schaukelnden Rosen,
Mittag umflirrte den Weg, den kam die Meute entlang

Zwischen Holunder und Eibisch, die Hälse wie
   staubichte Stiele
Ruckend im Blättergeweh, schlurrschuhig, schwitzenden
   Blicks
Drängten am Zaun sie und witterten maulfaul, was
   störte: Der Stille
Waches Atmen im Blust. Und wie durchfahrn hinterrücks

Von Todes Hauche, bepißten sie rundum Kleinhügel und
   Pfade
(M.s Rücken bog sich lichtbraun überm Lavendeloval),
Rissen aus Taschen und Hüllen die schweren
   Musikapparate
Und, ein schwärzlicher Ring, ließen ins Grüne den Schall.

Zuerst welkte der Goldlauch. Dann, knirschend, brachen
   die Malven
Aufs Storchschnabelgerank, dorrte der Lilien Laub;
Unter immer schärfer den Grund zerreibenden Salven
Knickte der Eisenhut, sanken die Heiden in Staub.

Abends verkamen die Rosen. Der Ebne saftsatte Birken
Krägten blattlos im Dunst, Würzkrautmulch trieb
   raschelnd quer;
Durchs entsorgte Geländ zu neuem und fernerem Wirken
Zog siegheiter der Pulk. M., heißt es, lebt jetzt am Meer.

Juli/August 1987

Chorisches Lied

Satterdings, bei mildem Winde,
Müssen wir die Bäume hauen;
Erst der Ulme, dann der Linde
Zeigen wirs mit Unvertrauen.

Wo die altgedienten Engel
Aus den Gründen Wasser ziehen,
Demontieren wir die Schwengel,
Bis im Rund die Klüfte glühen.

Vogelruf und Düfterauschen
Filtern wir durch bleiche Zinken;
Die zur Nacht noch Küsse tauschen,
Sollen stinken, stinken, stinken.

September 1987

Das Fenster

Daß, wo man hintritt, nichts als Lügen gelten,
Wisperte sie, so ist die Welt beschaffen;
So möchte ich wohlfolglich auch nicht schelten,
Wenn sie selbst löge wie ein Rudel Affen.
Der Plural wars, der mich zum Leichtsinn brachte.
Was ritt die Vettern Vorfahrn denn beim Gaffen
Auf Nuß und Äffin, daß mit Vorbedachte
Sie Unvorhandenes vorhanden nennen
Und Bittres süß, was wen wohl satter machte?
Der Lüg Erfordernis ist, die Wahrheit kennen,
Der wahre Fälscher, erst als Kundiger glänzt er!
Rief ich, entzückt, die Dinge scharf zu trennen,
Und öffnete ein weniges das Fenster,
Den Welternst ihr tief atmend beizubiegen.
Da flog sie ab, wie in den Mond Gespenster;
Ich sog die Abendluft in vollen Zügen.
Ein Jahr noch roch das Bett nach ihren Lügen.

September 1987

Petzow II

Die Kinder, zu Nichtstuns Freiheit
Erzogen, zertrampeln den Garten
Aus Plastpistolen feuernd, schwerbäuchig die Väter
Im Baß rufen t a p f e r t a p f e r
Zum Abendbrot, die gotischen Rüstern
Besetzt ein Schwarm Stare schwarz tausendstimmig
Und hebt sich, eine Spirale, wüst flatternd
Zum nächsten Schlafbaum südwestwärts;
Der Himmel wird milchfarben

Juni 1987

Ich-Soll 1991

Ich-Soll 1991

1
Ich soll es zugeben

2
Ich soll zugeben daß ich den Mund halten soll Januar bis Dezember und wenn ich ihn halte daß ich ihn halte weil ich es zugebe

3
Denn wenn ich den Mund früher nicht hielt war das Täuschung und hielt ich ihn war das Täuschung denn es täuschte vor ich hielte ihn nicht

4
Wer aber vortäuscht er täusche täuscht

5
So gebe ich es nicht zu gebe ich es zu und gäbe ich es zu gäbe ich es nicht zu was aus meinem Mund kommt ist Täuschung

6
Mein Herr, kaufen sie einen Revolver
Gehobener Qualität.
Wenn nur Ihr Kopf nicht voll wär,
Wäre es nicht zu spät.

7
Zugeben soll ich daß ich was ich sah milchig sah was ich roch roch anders was ich hörte klang nicht wie ich es hörte was ich schmeckte dessen Geschmack war anders was ich tastete fühlte sich anders an

8
Das soll ich zugeben und mich an die Wahrnehmungsavantgarde halten

9
Die Wahrnehmungsavantgarde ist ein Voraustrupp der
wahr wahrnimmt was sie riecht duftet wie sie fühlt es
dufte was sie hört klingt wie sie sieht es klänge sie schmeckt
das Unkündbare und tastet die Chemie der Dinge

10
Ich indes verfasste meine Gedichte in Versen und meine
Prosa in Prosa

11
Meine Lieder gingen zu singen in meinen Stücken kamen
Personen vor ich übte mich klar zu reden angesichts der
Vertracktheit der Welt

12
Wer sich verstockt zeigt, muß den Stock auch schlucken.
Nun üben Sie, mein Herr, sich stehend ducken.

13
Es gibt aber keine Personen was es gibt sind Ameisen
Gedichte sollten in Prosa sein Prosa eher lyrisch wie auch
das Wort Welt voraussetzt etwas hinge zusammen und
Vertracktheit voraussetzt es gebe Klarheit die es nicht
gibt das wenigstens sollte mir klar sein und wie dreist es
ist Worte zu machen da die Wahrnehmungsavantgarde
wahr wahrnimmt von Januar bis Dezember

14
Herr Ovid im alten Rom
War ein gestandener Mann.
Er störte den Kaiser beim Mittagsschlaf
Und fand sich in Asien dann.

15
Darum soll ich den Mund halten Neunzehnhunderteinundneunzig und es zugeben

19.–23. Dezember 1990

Petrarca hat Malven im Garten und beschweigt die Welträtsel

Gedichte 1996–2003

Protokollnotiz

Mein Tag? Wie eh. Das Alter, noch, es drückt nicht.
Der Tod, wie eh, trostbietend und sehr fern.
Und jeder neue Vers ist wie ein Rücklicht
Der alten Zukünfte. So leb ich gern.

Juli 1996

Petrarca auf dem Weg ins Exil

Wie sie sich giften, daß ich gut zu Fuß bin.
Wo längs am Rain die goldnen Krücken liegen,
In die sich wundersanft die Glieder schmiegen,
Bis die Gelenke steif, die Knochen Mus sind,

So daß mir, schritt ich heitern Blicks nicht weiter,
Bald um die Stirn ein Reif von Würden blühte,
Und, ohne daß ich mich noch extra mühte,
Läg ich erhöht und sänge von der Leiter –

Der wird hier Kanzler, der am krümmsten humpelt,
Und der dem Volk den Sand siebt, machts im Streckbett
Seltsam umwoben vom Singsang der Wechsler;

Die Bagger klirren, und der Prägstock rumpelt,
Und ringsum winken ernst, als ob es Zweck hätt,
Goldmineneigner und die Krückendrechsler.

Juli 1996

Petrarca, auf dem Weg über die Alpen, bedenkt seinen Husten

Ich huste, wenn ich huste, meistens jambisch.
So daß ein Arzt, wofern ich ihn besuchte,
Mich, nähm ers wahr, als Unrettbaren buchte
Und stracks ins Beinhaus wiese. Indes schlampig

Sind, wie der Zeitgeist, heute die Doktoren
Und haben keinen Dunst mehr, was ein Vers ist,
So daß ich, ob der Klang auch sacht pervers ist,
Canzonen krächze in Banausenohren.

Wie priesen wir doch jung die Konsequenz
Und des Gedankens Schärfe, die so frisch macht
Und mählich mit dem Flachsinn reinen Tisch macht;

Wüstesten Wintern, sang man, folgt ein Lenz.
Und doch halt alternd ich am Loben fest:
Ich lob den Schlamp, da er mich leben läßt.

Juli 1996

Petrarca lobt sein Mönchshabit

Die wechseln Hüte schneller als du denkst.
Und willst du barhaupt weiter, knallen Flüche
Dir so aufs Dach, daß Haarausfall, ja Brüche
Dein Steckbrief werden; sicherer, du schwenkst

Den Faltenmantel und ziehst die Kapuze
Tief in die Stirn, daß nur die Nase vorsteht
Und meldet, was am Markt der Päpste vorgeht –
Der auf Form hält, mach Unform sich zunutze.

Wo ich den Atem einhol, miefts nach Abluft.
Wo ich ihn ausblas, stiebt von Simsen Moder.
Die Kutte weht, die Nase mein Decoder,

Und hinten keucht der Pulk, der mich ins Grab stuft:
Als ich noch jung war, wollten sie mich linken,
Nun rechten sie. Was bleibt ist, wie sie stinken.

November 1996

Petrarca, nach Lektüre der Journale, braucht einen Kompaß

Aus Gnade, les ich, blieb ich ungemordet.
Womöglich auch nur aus Vergeßlichkeit.
So, fahl vorm Aug des Hinseins Häßlichkeit,
Pack ich mein Zeug. Wo lang nun? Umgenordet

Sind die Atlanten, und stadtaus die Weiser
Baumeln an Stangen schief und wetterwendisch,
Der Wind schlägt ruckend um, und wie unendlich
Quillt Dunst vom Weichbild, schon ein Ruf macht heiser –

Kein Pol-Stern blinkt. Der Mond ist was aus Märchen.
Die Fenster blind an altvertrauten Orten.
Das Frührot, sonst den Kräften des Gemüts

So hilfreich, bietet Lerchen nicht noch Lärchen.
Da seh ich eine Schöne munteren Schritts,
Und wo die hinwill, hoff ich frisch, ist Norden.

November 1996

Petrarca, am Schreibtisch, sonettiert seiner Gespielin

Daß du mir immer hübsch die Beine breitmachst,
Wenn ich die Zunge spitze. Auch wenn sein kann,
Daß ich ins Wirklichste noch nicht hinein kann,
Hilft doch dem Geist, wie frech du dich bereitmachst –

Denn Geist regiert das Fleisch. Wofern du etwa
Verflunscht und spitzen Knies im Kissen hocktest,
Wäre, mit was für Blößen du auch locktest,
Wie unvorhanden, was ich auf dem Bett sah:

Daß Eine scharf sei, der scharf dichtet schätzt es,
Daß sie sich welternst zeigt, stärkt sein Sonett,
Doch erst ihr reiner Leichtsinn macht, es geht

Was vag im Geist war, fest aufs Blatt zu schreiben;
Ein Wörtchen noch, als wäre es mein letztes,
Und heilig wird, was wir im Fleische treiben.

Dezember 1996

Petrarca hat Malven im Garten, und beschweigt die Welträtsel

Die Hände, manchmal, darf man gar nicht brauchen.
Nicht mal die Fingerkuppen. Vielmehr führte
Ein Lidschlag schon, der an ein Flaumhaar rührte,
Ratzbatz ins Aus, nichts bliebe, als zu rauchen –

So daß äußerstenfalles Quantensprünge
Der Pulsdichte oder des Atemdrucks
(Vielleicht auch einzig des Gedankenflugs)
Erwirken, daß das Innigste gelinge:

Nämlich indem wir, beieinanderliegend,
Indes durch feinste Scheiben Luft getrennt,
Die Lust in uns so reglos höher leiten,

Bis, weil kein Ich mehr, wo es ist, erkennt,
Wir wie unhandelnd ineinandergleiten;
Und malvenfarben dehnt sich der Moment.

Dezember 1996

Schwarzes Meer

Aufwachend, ich war Mitte dreißig, neben ihr:
Vom Balkon Mondlicht, auf dem Fenstervorhang
Subtropischen Blattwerks sachtes Schattenspiel
In mir Mattigkeit so süß verteilt
Daß, schiens, ich flach überm Laken schwebte
Mit dem Rücken die Erdkrümmung fühlend
Und ich mich denken hörte:
Daß man doch sterben muß, ist trübe
Und nun sie, tief im Tiefschlaf, meergleich atmete
Blies ich ihr das ins Ohr. Wie sie da auffuhr
Die Kinderaugen jählings grün und scharf
So, ewig leben willst du? Und wie verzweifelt sie
Ihr Mäulchen nutzte, vor Tag mich zu schwächen

Mai 1997

Die Zwei Götter im Ochsen

Rings dorrten Fluren bis zum Horizont
Steppe war, eher Wüste, indes ER weidete
Auf grüner Insel wunderfetten Grases
Ein Prachtvieh, glänzenden Bugs, die edlen Hörner
Geschwungen wie der dunklen Lippen Aufwurf
Und schönäugig!
So daß ich annahm es wohnte ein Gott in ihm
Falls nicht Zeus selber wetterkündend umging

Und wie nun das, da es nicht stillestand
Sondern sacht trottend mit der Zunge Gras riß
Und jene Insel, nahezu elliptisch
Nur an den Rändern halmig ausgefranst
Mit ihm bei jedem Hufhub wanderte
Also Nichtirdisches im Untergrund
Tätig sein mußte und die Graswurzeln
Je eh ein Huf auf Sand trat, sei es vorschob

Sei es tränkte, oder Persephone
Brünstig vom Stierruch, bog sich aus der Tiefe
Und was da sattgrün prangte, war ihr Schamhaar
Und wenn nun DER DAS Gras frißt, dachte ich
Und im Labmagen gären läßt und dann
Ruhig lagernd widerkäut, wie Rinder tun
Sind, dachte ich, und mein Gefaßtsein
Schreib was du schaust, nicht Deuten ist dein Teil

Wandelte sich zu, träumte ich, Entsetzen:
Dann sind ja dann ZWEI GÖTTER in der Lymphe
Ein Yin, ein Yang, oder sonst Dialektik
Kampf kann ausbrechen, der Ochse etwa platzen
Und wo das Fleisch hintropft, stehn neue auf
Oder ganz Andre, grause Phänotypen
Stochastisch fehlvernetzter Gengemenge
Raubmoose, Säugekäfer, denkende Sandhaufen

Flugkleinpaarhufer, neunköpfige Olme
Oder die ganze Steppe in
Einer Spirale irrer Mutationen
Bewächst sich, samt aus, fault sich selbst zum
    Urschlamm
Und fängt die Evolution Feldversuch Zwo an
Bis schließlich hier ein Übermischwald rauscht
Olympisch tropisch, und von weither Wolken
Anzieht, bis Sturzregen Flüsse werden

Müssen und, die Balkanebenen furchend
Mit Monds Beistand das Erddrehmoment ändern
So daß die Zeit auf einmal unstet läuft
Oder in Schleifen, mithin jeder Vorgang
Dem eigenen Gewesensein begegnen
Kann, wird, darf, muß, worauf
Die Klimazonen sich verdrillen oder
Der Raum sich ortsweise hyperbolisch beult

Und ich, der in Marzahn wohnt, auf einer
Eiszeitdüne zwischen Warschau und Hamburg
Bin dann vielleicht von Großgletschern umgeben
Und frier, im Pelz, doch ohne äußere Heizung
Vor meinem Computer zur Mumie:
Kein Mensch kann denken, ja nicht einmal träumen
Wie derlei endet

Dezember 1998

Das Abendessen

Herrn Notar C. urschriftlich

Was dauert, stiften jüngstens die Notare.
Kühl und voll Dilldufts war die Gurkensuppe,
Kroßheiß der Birnenauflauf; an der Kuppe
Des Gaumens göttlich aufblühnd, floß der rare

Schiefrige Riesling, bäurisch schloß Salat an;
Sanfte Kohlrabi rahmten links und rechts
Die dampfend graue Urgestalt des Hechts,
Und purpurner Cassis-Schaum machte Staat dann –

Doch all dies, frisch genossen, war verflogen.
Der Hausherr log, daß sich die Meubles bogen
Beim Hauch des Calvados, schon rief das Bett,

Da wünschte Notar C. sich ein Sonett
Rund wie die Mahlzeit; zeitlos bleibt es seines:
Sein Grundbuch wölbt sich, und birgt Ungemeines.

Februar 1997

Als Protokoll eines Gastmahls bei einem berliner Privatgelehrten im Sommer 1994. Besagter Notar, mein Tischnachbar, hat das Sonett tatsächlich bei mir bestellt, mochte es aber dann nicht.

Sieben Skat-Spiele darüber, was ein Renegat sei. Mit einem Nachklapp

1 KREUZ EINFACH
Den heißt man Renegat, der ernst verneint,
Daß er, was er ernst meinte, noch ernst meint.

2 KREUZ OHNE ZWEI MIT CONTRA
Faul! Renegat ist umgekehrt, der meint,
Daß er, was er vermeinte, nun verneint!

3 ROT OHNE FÜNF
Nie ist ein Renegat, der nie verneint,
Daß er, was er nie meinte, nie mehr meint.

4 DASSELBE MIT CONTRA UND RE
Nie war, was war, des Renegaten Meinung –
Wahr war daran allein die Rückverneinung!

5 NULL OUVERT
Schwer hats der Renegat einzig beim Ficken:
Kaum stand er stramm, hebt er schon an zu knicken.

6 GRAND HAND
Bleibt jemand Mensch, wenn er nicht Renegat ist?
Der Renegat zeigt, wer es in der Tat ist!

7 SCHIEBERRAMSCH MIT DURCHMARSCH
Wer lügt da, daß Negieren zu nichts führt?
Aus Nichts wird Gold, wenn man es renegiert!

NACHKLAPP: SCHLAGREIM DES RENEGATEN
Mein Schnee von gestern schert mich keinen Schimmer,
Mein Schnee von heute aber giltet immer.

Juni 1997

Analyst Sir W. wirft zwei Klimmer von der Verandatreppe

Derlei Taggäste sind mir grade lieb.
Die stets *Ich denke* sagen, wenn sie meinen,
Und *Zeitgeist*, weil, sie haben selber keinen,
Und *aufarbeiten*, wo sie Schmähsucht trieb;

Die Augen trüb vom Leid, das sie nicht litten,
Sind sie vom Clan der Informellen Schleimer:
Ein klarer Satz, und schon bist du im Eimer
Und darfst die Nachbarin ums Handtuch bitten.

Und denen soll ich meinen Wein auftischen?
Wie gut doch, daß ich hin zum Garten wohne,
Wo Winden heiter den Kompost beranken;

Ein Griff, ein Wurf – da starrn sie aus dem schwanken
Geblüh ins Obstlaub, ob sie wer belohne;
Und dann muß man auch noch die Treppe wischen.

Oktober 1997

Bewältigers Morgengebet

Ja hätt ich nicht geküßt, wie ich geküßt hab.
Und nicht geleckt an den und jenen Stellen.
Was mich einst schwoll, macht das Gewissen schwellen.
Albisch war jede Lust, die ich gebüßt hab.

Wer aber sonst im Land noch einen Mund hat
Und was in diesem, das noch rötlich züngelt,
Gesteh, daß er mit Höllischen geklüngelt
Und, bis er gilbt, nur noch zum Schämen Grund hat.

Denn seit ich, welche Pein ich litt, bekannte,
Zeigt sich, der peinlos fortlebt, als geschädigt
An Hirn und Anhang, und west unentledigt –

Er wird nicht wieder, eh er sich entmannte.
Dies hingeleistet, bin ich neu geboren,
Und in Staub sind, die was ich einst schwur schworen.

November 1997

Petrarca mürrisch

Gerhard Wolf zum Siebzigsten

Ich weiß, was ich so weiß, oft ziemlich ungern.
Die Stirn kriegt Falten, und das Herz sucht Ruhe.
Besser als ein Aug offen sind zwei zue.
Der zu scharf blickt, sieht füglich seinen Unstern.

So, ließen sie mich meine Pflanzen pflegen!
Mich freut doch, wenn ein Feind an Argwitz viel hat.
Sei er ein Schwein, nur daß sein Schweinsein Stil hat!
Man riecht den Mist und hofft, der Herbst bringt Regen.

Stattdessen spein sie Stuß wie Teilzeitpäpste
Und nerven mich mit Lügen solcher Plattheit,
Daß ich, der sanft umlaubt im Rebhang krebste,

In Pflicht fall und wüst hochdeutsch Tachles spreche;
Wer aber Fades drischt, den würgt die Fadheit,
Und zäh zieht mir ins Fleisch Dezemberschwäche.

April 1998

Xenion mit sächsischen Interjektionen

für Volker Braun

Nicht ist die Welt uns zum Trost. Und das, heu? soll
 Volkern nicht trösten?
Wär, näwarr! Trost ihr Behuf – wie trostlos wäre sie
 dann!

April 1999

Dom Pjotr

für Peter Gosse

Peter, in Leipzig! mitnichten bedarf er bekuppelten
   Marmors –
Ragt er doch selber als Fels, zart umtost, versfest ins Land!

August 1998

Drei Nachwende-Xenien

UNTER DEM HIMMEL
»Freund, sei vernünftig.« »Wie? Soll ich im neuen
  System nackicht Luft kaun?
Strafte das alte Vernunft, löhnt ihr das jüngste glatt
  nichts!«

INTERNET INSIDE
Zehntausend *homepages online* zur Frage, wo Ost, West,
  Nord, Süd sei:
Lies, *User*, alle – danach ahnst du nicht mehr, wo du
  steckst.

BÜRGERRECHTLER BILINGUAL
»Insgeheim und im Dunkeln doch löckten sie wider den
  Stachel.«
»Bis es die Zunge zerriß?« »Längsdurch! nun haben sie
  zwei.«

Juni 1999

Ende der Geschichte

Daß Einer um sich blickt, gilt als vom Übel.
Noch übler zählt, wenn er genauer fragt
Oder von einer Dauer Dauer sagt,
Sie währe nicht: Silbern umreifte Kübel

Voll Unflat neigen sich, ihn zu bekippen,
Auf daß er, was wie Öl kriecht, fügsam ehre,
Und zwar mit Lust, als ob es Krebsrahm wäre;
Der Mensch hat Nase, sie am Dreck zu üben.

Wie Lemminge stehn rings die Kreativen,
Und wie sie schon ein mildes Lächeln toll macht,
Wenn sie sich ruckelnd aus den Büschen hieven,

Damit wir uns zur Neuen Mitte recken;
Es reicht ja nicht, daß uns der Zeitgeist vollmacht –
Wir sollen ihm auch noch den Ausgang lecken.

August 2002

Trochäisch

Die uns gönnten, waren meistens wenig,
Die uns schmähten, waren öfter viel.
Unter Dumpfen spielten Mogler König
Und das Spiel verstehn warf aus dem Spiel.

Wieso, gleichwohl, kennen wir Gerüche?
Und auf unsern Schultern sitzt der Kopf?
Zieren schärfste Messer unsre Küche?
Schmort in Rotwein mittags Fleisch im Topf?

Und der hohe Ton, den wir versiebten?
Und die Frauen, die uns störrisch liebten?
Und das Laub, darauf der Fuß ausglitscht?

Da wir uns im Fortmäandern übten:
Zwischen wieviel Scyllen und Charybden
Sind wir, Bruder, schon hindurchgewitscht?

November 2003

Kleine Herbstmotette

*für Sopran, Alt, Countertenor, Bariton I,
Bariton II und Baß*

I *Countertenor solo mit Männerterzett*

Aber die Kartoffeln
Sind noch nicht im Sack
Wenn das Laub gelb wird
Bei Radebeul in Sachsen
Wo in den Zweigen
Fest am Geäste
Radibim radibam
Manche frech manche sanft
Radibim
Manche schlank andre rundlich
Radibam
Doch alle biegsam
Die schönen Mädchen wachsen
Radibim, radibam
Bei Radebeul in Sachsen

Aber die Kartoffeln
Sind noch nicht im Sack
Bei Radebeul in Sachsen
Wenn das Laub gelb wird

II *Gemischtes Quartett mit freischweifenden Alt-Vokalisen*

Steht denn ein Komet überm Dorf?
Aber ja, er scheint so.
Steht er denn genau überm Dorf?
Er hat ja Kopf und Schwanz.
Wer gesehn hat den Kometen
Wird der schlafen oder beten?
Er wird seinen Garten jäten
Und wird schauen, wie die Kröten
Wandern hin zum Wald.
Steht denn ein Komet überm Dorf?
Aber ja, er scheint so.

Steht er denn genau überm Dorf?
Er hat ja Kopf und Schwanz.

III *Sopran solo mit Quintett*

Auf dem Haupte aber gehen kann im Herbst
Von Mulde zu Mulde, bei schrägem Licht
Nur das bedeutende Trüffelschwein
Nicht der Kuckuck
Auch das Wiesel nicht
Niemals die Hornisse
Schon gar nicht der Karpf
Nur das bedeutende Trüffelschwein
Kann im Herbst auf dem Haupt gehn
Und mein Liebster
Kann auf dem Haupt gehn von Mulde zu Mulde
Wenn ich lieg unter der Eiche
Halb nackt

IV *Sechsstimmiger Kanon (quasi Rondo)*

1 Steht denn ein Komet überm Dorf
2 Bei Radebeul in Sachsen
3 Von Mulde zu Mulde
4 Radibim, radibam
5 Nur das bedeutende Trüffelschwein
6 Er hat ja Kopf und Schwanz

Coda
Aber die Kartoffeln
Sind noch nicht im Sack

Juli 1996

Adressen an Jubilare

Dialogisches Distichen-Septett über den Satz, Marquardt trage zu Recht seinen Namen

»Markiges ist ihm ein Greuel, auch ist er kein Wärter; wie paßt dann
Marquardt, der Name, zum Mann?« – »Sehr, denn er wartet die Mark.«

»Welche, die Ost- oder Westmark?« – »Nicht die, Mensch, ich meine das Grenzland.«
»Grenzland? wozwischen denn das?« – »Zwischen der Kunst und der Welt.«

»Demnach ist er Geschäftsmann?« – »Ja, sicher.« – »Pfui Teufel!« – »Wie sprichst du?
Kommt denn die Welt jetzt zur Kunst anders als übers Geschäft?«

»Gut, leider wahr; nun ganz im Vertrauen: Was zahlt er pro Versfuß
Wenn du als Mark-Wart ihn preist?« – »Nichts, denn ich machs als Geschenk.«

»Und wo bleibt da das Geschäft?« – »Freund, siehst du den Tisch dort?« – »Doch, deutlich:
Cognac erkenn ich und Sekt, trinkbare Weine, und Bier.«

»Kaviar auch?« – »Wohl auch den.« – »Langusten?« »Halbiert, mit Zitrone.«
»Schinken?« – »Sanftrot. Und Dessert.« – »Fünf Sorten Käse?« – »Nein, acht.«

»Und?« – »Ich ahne Kartoffeln und zartest gepökelten Matjes.«
»Doch das Geschäft, wo bleibt das?« – »Gehn wir und fressen ihn kahl.«

Vom 14.-16. Juli 1980 für Hans Marquardt zu dessen 60. Geburtstag im realistischen Stil verfertigt und ihm zugeeignet

Nachspruch

H.M. zum fünfundsechzigsten Geburtstag

Eben war er noch sechzig, da sind schon fünf Jahre
 vorüber
Ach, im Malstrom der Zeit schwimmen wir heiter und
 schrein

Einer dem andern: Hier bin ich!, und merken nicht
 gerne, es zieht uns
Langsam die Füße zum Grund, aber der Kopf ißt und
 denkt

Wassertreten, das wäre die Lösung! so schmecken wir
 sachter
Und genauer den Wein, schaumumbrüllt, sehend, was
 bleibt.

3. Februar 1984

Wagenbach, die Flüssigkeiten und der Tod

Bei Wagenbach, bei Wagenbach
Fährt man zur Nacht den Achachach –
Den guten alten Acheron
Entlang mit Ach und Krach davon.

*

Bei Wagenbachens letzter Fete
Gabs reinen Wein, genetzt mit Lethe.

*

Zum Binden seinen Knochenleim
Kauft Wagenbach bei Niflheim.

*

Bei Wagenbach verdienst du nix
Als ein'n Hausschwimmring übern Styx.

* *Fragment (anonym) aus* Wagenbach, Les Liqueurs et la Mort, Poème macabre á la prussienne, Paris o.J. *Autor soll den nouveau obscures zugehören. Deutsch, als Ersatz für sein Nichterscheinen zur Zwanzigjahrfeier, von Rainer Kirsch.*
Anmerkung des Übersetzers: *Ich kann kein Französisch, aber was soll man machen, wenn die hiesige Literatur laut Gefeiertem darniederliegt. La mort bedeutet im Zusammenhang gelesen m.E. weder memento mori noch Morddrohung, sondern dem Stil der Neuen Dunklen entsprechend Orgasmus. Die mögliche Übersetzung »Schnäpse« (oder »Liköre«) für* les liqueurs *habe ich verworfen. »Genetzt« scheint zu meinen, der beim Verleger ausgeschenkte Wein sei so trocken, daß er einer Befeuchtung (womit??!) bedürfe. »Niflheim« – die französische Umschrift des Wortes ist so abenteuerlich, daß ich sie unterdrücke, Autor hat sie vermutlich über das Japanische, oder eine Turksprache, bezogen. Fragment 4 behauptet wohl weniger, W. zahle schlecht, als: seine Autoren seien so gutgestellt, daß sie sich den Hausschwimmring doch wenigstens in der Volksausgabe leisten könnten; nicht gesagt ist, die Dichter würden adäquat entlohnt: dann nämlich würde der Arno Schmidtsche Fachterminus stehen, und ich hätte unbedenklich »Als bloß ein Hausboot aufm Styx« übertragen. Marzahn, Oktober 1984*

Serenissimo G. G. angesichts der Weltläufte

Die sicherste Lösung
Eines Problems im Kopf
Ist
Ihn ab.

Postscriptum

Wenn die alten Überlinken
Mit den rechten Pfählen winken,
Kregeln, haben sie gewunken,
Wir im feuchten Grund als Unken.

September 1992

*Für eine Mappe des Literarischen Colloquiums Berlin zu Günter Grass'
65. Geburtstag*

Distichon und Nachhak

ad maiorem gloriam Serenissimi Jensis 1993

1
Mitten im *DIESSEITS* treibts *JENS SEIT* Siebenzig
    Jährchen:
Widerspruch zieret den Kerl! *WALT ER* querwegs nur so
    fort.

2
Zwischen Cis- und Transzendenz
Maulflink und bedenklich
Sitzet hoch deutsch *Walter* Jens
Und *voltairt* altfränkisch.

Schenkern

zum 60.

Luft zu Kunst voll Fauneslaune
Singt Freund Fritz per Zugposaune;
Kirsch hörts trapsen – so wird, denkt er,
Aus dem Schenker ein Beschenkter.

Juli 2002

La Follia oder Die Vokale bleiben am Ende

Dottore Hacks zum 75.

Sechsundzwanzig junge Tanten
Buken einen Elefanten
Ganz und gar aus Blätterteig;
Er kam auf keinen grünen Zweig.

Sechsundzwanzig Renitenten
Wollte man die Ölung spenden,
Die indessen keiner trank,
Worauf stracks der Ölpreis sank.

Sechsundzwanzig alte Flinten
Gingen plötzlich los nach hinten;
Sechsundzwanzig Bankherrn gab
Man Geleit ins Massengrab.

Sechsundzwanzig Groß-Archonten
Kreuzten, bis sie nicht mehr konnten,
Auf Fregatten durch die Schweiz –
Kein Meer rings! Das war der Geiz.

Sechsundzwanzig Edelhuren
Flogen, während sie sonst fuhren,
Moldauabwärts Richtung Prag,
Das schon unter Wasser lag.

Sechsundzwanzig Lorbeerträger
Brachen dumpf vom Schweiß wie Jäger
In Sir Peters Buchenhain,
Sich neu auszustatten, ein.

Sechsundzwanzig Uraltkröten
Dockten als traverse Flöten
Am Gendarmenmarkte an,
Weil man dort was werden kann.

Sechsundzwanzig Chaoskündern
Drangen Furze in den Hüntern;
Erdweit scholl ihr Wehgestöhn:
Chaos echt ist auch nicht schön.

August 2002

Reglindis

Lieder 1965–1979

Lieder von Personen aus Stücken

Morgenlied des Soldaten (Reglindis)

Sie hatte zwei Tannennadeln am Bauch
Sie warf ihren Rock in die Bäume
Der Rock hing ganz weiß im Mittagsrauch
Da aß sie die roten Himbeern vom Strauch
Da lagen wir ohne Träume.

Reglindis, dein Haar war lang wie die Sünde
So lang wie unsre Lust.
Sie hatte zwei Tannennadeln am Bauch
Und ein Gras an der weißen Brust.

Es kühlte das braune, das weiche Moos
Erst ihren, dann meinen Rücken
Ihr Rock war so weiß, ihre Haut war so bloß
Da wuchsen die Bäume so riesengroß
Zum Himmel vor unseren Blicken.

Reglindis, dein Haar war lang wie die Sünde
So lang wie unsre Lust.
Sie hatte zwei Tannennadeln am Bauch
Und ein Gras an der weißen Brust.

Anderes Morgenlied des Soldaten

Der Tag schießt los
Die Amseln schrein
Der Tau, er kühlt
Dir Haar und Bein
Der Sommer ist in Sachsen.

Und der Soldat marschiert
Wohin der General ihn führt.
Auf den Feind
Haut vereint
Daß ihr vor Nacht nicht friert.

Die Sonne steigt
Zum Mittagsrauch
Triffts deinen o-
der meinen Bauch
Der Sommer ist in Sachsen.

Und der Soldat marschiert
Wohin der General ihn führt.
Auf den Feind
Haut vereint
Daß ihr vor Nacht nicht friert.

Lied des Landstreichers von der Maus

Eine Maus rückt aus ins Feld
Sie zog im grauen Mäuserock
Und waffnet sich mit Stein und Stock.
In der Nacht
In der Nacht
Hat die Kanon gebellt.

Die Maus langt an im Feld
Der Mäuseobrist hub gleich an:
Wir wolln mit Macht die Katze schlan!
In der Früh
In der Früh
Hat die Kanon gebellt.

Die Maus, sie focht im Feld;
Die Katze fraß sie auf jedoch
Der Oberst sich ins Loch verkroch.
Überm Gras
Überm Gras
Hat die Kanon gebellt.

Lied der Hexe

Lag ein Messer jung und scharf
Auf dem kalten Steine
Wollte, daß es schneiden darf
War so lang alleine.
Grünes Blatt und rotes Leid
Messer wollte, daß es schneidt.

Blut ist schwarz und Fleisch ist weiß
Auf dem kalten Steine;
Weiß nicht, was das Messer weiß
War so lang alleine.
Grünes Blatt und rotes Leid
Messer wollte, daß es schneidt.

Sonett der Hexe

Lauf, Brüderchen. Dir selbst rennst du nicht weg.
Du nimmst den Mund voll, frißt den feuchten Dreck
Du wärmst den kalten Dreck im lauen Bauch
Du scheißt ihn aus. Schon balde ruhst du auch.

Wenn ich nichts seh, heißt das: Ich seh genug
Wenn du was siehst, dann machts dich nicht mehr klug
Wie du dich abmühst, bringst du doch nichts fort
Denn was du nicht begreifst: Die Welt ist Mord

Wer aber ohne Morden leben will
Muß besser morden, sonst macht man ihn still
So schießen sie sich immer eiliger ab
Die letzten Kugeln treffen schon das Grab

Dort faulest balde, Brüderchen, auch du.
Die Welt stinkt ab. Ich seh von unten zu.

Lied des Pfarrers vor Mittag

Wohl aus des Himmels Tore
Flog ein gesprenkelt Tier
Gleich einer frommen Seele
Im goldnen Kleid herfür.
O natura naturata
Güldner Vogel, schönes Aug
Flog ein gesprenkelt Tier.

Ich lag in Waldes Grase
Da flog es vor mich hin
Es sprach: Du sollst Gott loben
Er sandt mich zu dir hin.
O natura naturata
Güldner Vogel, schönes Aug
Gottes Stimm in Waldes Laub
Da flog es vor mich hin.

O natura naturata
Güldner Vogel, schönes Aug
Gottes Stimm in Waldes Laub
Preißelbeer, gespickte Haut
Dunkles Fleisch im zarten Kraut
Da flog es vor mich hin.

Lied des Landstreichers
von den zweiundzwanzig Bäckerinnen

Zweiundzwanzig Bäckerinnen
Buken einen Kuchen
Den trugen sie dem König hin
Er sollte ihn versuchen.
Der König aß drei vier vom Fleck
Den ungeheuren Kuchen weg.
Wer half ihm essen?
Das habe ich vergessen.

Zweiundzwanzig Bäckerinnen
Hatten zwanzig Söhne
Die führten sie dem König hin
Ob sie auch wären schöne.
Der König zog in'n Krieg vom Fleck
Da warn die zwanzig Söhne weg.
Wer half ihm essen?
Das habe ich vergessen.

Zweiundzwanzig Bäckerinnen
Fingen einen Drachen
Den brachten sie dem König hin
Das Tier sollt ihn bewachen.
Der Drache fraß drei vier vom Fleck
Den ungeheuren König weg.
Wer half ihm essen?
Das habe ich vergessen.

Lied der Prinzessin

Mond, mein Freund, auf meiner Haut
Weiden sieben Schafe.
Bin ich Mädchen, bin ich Braut?
Weiß nicht, hab ich weggeschaut
Wach ich oder schlafe.

Sieben Schafe, wer seid ihr?
Er ist dort und ich bin hier
Tiefer Graben, rascher Fluß
Weiß nicht, wo ich springen muß
Daß ich bei ihm bin.

Aufbruchslied des Soldaten

Geh wandern, Soldat, dein Rock ist zu rauh
Für dieses weiße Bett.
Am Abend ist der Himmel grau.
Es ist alles anders, als in den Liedern steht.

Gelb war der Mond
An diesem Ort
Das grüne Gras wird Heu
Wohin ich gehe
Geh ich fort
Schwarz ist der Mord und blau ist die Treu.

Geh wandern, Soldat, deine Hand ist zu rauh
Für diese goldene Tür.
Am Abend ist der Himmel grau.
Es ist alles anders, als du einst sprachst zu mir.

Gelb war der Mond
An diesem Ort
Das grüne Gras wird Heu
Wohin ich gehe
Geh ich fort
Schwarz ist der Mord und blau ist die Treu.

Lied des Landstreichers beim Trinken

Die Erd ist rund
Der Schnaps ist gut
Wenn man ein Schmalz
Ins Süppchen tut.
Dadadirum, ich sah des Kaisers Gebein
In einem hölzern Schrein.

Der Bauch ist froh
Die Seele schnalzt
Wenn man dem Pfaff
Den Brei versalzt.
Dadadirum, ich sah des Kaisers Gebein
In einem hölzern Schrein.

Die Nacht ist lang
Der Uhu klagt
Weil er zur Nacht
Die Wahrheit sagt.
Dadadirum, ich sah des Kaisers Gebein
In einem hölzern Schrein.

Der Tag ist kurz
Die Sonn versinkt
Man lebt lang, wenn
Man morgens trinkt.
Dadadirum, ich sah des Kaisers Gebein
In einem hölzern Schrein.

Grüne Rose, rote Rose
Lied der Frauen, Mädchen und Männer von Hampshire

DIE FRAUEN
Mein Mann hat einen Honigbär
Grüne Rose
Der ist mal leicht und ist mal schwer
Rote Rose.
Weil mir das Tier so Freude macht
Grüne Rose
Bringt ers zu mir in jeder Nacht
Rote Rose.

DIE MÄDCHEN
Mein Freund hat einen Honigbär
Grüne Rose
Der springt schon morgens hin und her
Rote Rose.
Streich ich ihm übers Bärenfell
Grüne Rose
Springt er bei Nacht noch mal so schnell
Rote Rose.

DIE MÄNNER
Mein Mädchen hat ein Honigfaß
Grüne Rose
Das ist vom goldnen Honig naß
Rote Rose.
Und wenn das Faß am vollsten ist
Grüne Rose
Ruft sie den Bär, ders Spundloch schließt
Rote Rose.

Lied der Frau

Lieg ich spät im kalten Bett
Hör ich, wie der Wind sich dreht
Auf der Sitzung, im kalten Rauch
Sitzt der, den ich liebe, den ich brauch
Und ändert die Welt, ach.

Steigt der Frühjahrsdunst zur Nacht
Sieht er nicht, daß ich noch wach
Von der Sitzung, im kalten Rauch
Geht der, den ich liebe, den ich brauch
Und ändert die Welt, ach.

Schrein die Züge in der Früh
Schläft wohl er und schläft wohl sie
Von der Sitzung, vom kalten Rauch
Ist müd der, den ich liebe, den ich brauch
Ändert er die Welt, ach.

Lag ich so im dritten Jahr
Weiß nicht, wer ich bin noch war
Ging am Morgen im kalten Rauch
Von dem, den ich liebe, den ich brauch
Und ändre die Welt, ach.

Ballade von den einundzwanzig Räubern

Schön ist der Tag
Einundzwanzig Räuber gehen rauben.
Oh, diese Sonne
Und Maria, die wartet zu Haus.

Pferdegetrappel

Die Pferde der Reichen sind weiß oder braun
Schön ist der Tag
Das Zaumzeug ist golden und golden die Fraun
Oh, diese Sonne

Schön ist der Tag
Einundzwanzig Räuber gehen rauben.
Oh, diese Sonne
Und Maria, die wartet zu Haus.

Wind

Grün rauschen die Erlen, im Hohlweg ist Nacht
Schön ist der Tag
Weit reist ein Minister voll Geld und voll Macht
Oh, diese Sonne

Schön ist der Tag
Einundzwanzig Räuber gehen rauben.
Oh, diese Sonne
Und Maria, die wartet zu Haus.

Schüsse

Sanft fallen die Schüsse, die Kutsche stürzt um
Schön ist der Tag
Ein Kutscher entflieht, ein Minister liegt stumm
Oh, diese Sonne

Schön ist der Tag
Einundzwanzig Räuber gehen rauben.
Oh, diese Sonne
Und Maria, die wartet zu Haus.

Marschtritte

Es zittert ein König, die Zeitung schreibt Mord
Schön ist der Tag
Der Wald wird umstellt, doch die Räuber sind fort
Oh, diese Sonne

Schön ist der Tag
Einundzwanzig Räuber gehen rauben.
Oh, diese Sonne
Und Maria, die wartet zu Haus.

Pferdewiehern, Wind, Schüsse

Lied des Dichters

Was wird man mich fragen
Wenn ich zu Tode geh?
Sie werden mir Flüche sagen
Weil ich sah, was ich seh.
Die Wahrheit, aufgeschrieben
Ist eine andre als
Die wir am Leben üben:
Sie schneidet dir den Hals.

Die Adern kalkverschnitten
Die Zähne halb verfault
Hab ich genug gelitten
Euch, die ihr rechnet und jault:
Ihr stricht mir in die Fresse
Und kerbtet Hölzer ein –
Wenn ich das vergesse
Wirds wie vergessen sein?

Sie werden mich begraben
Auf Wäldern von Papier;
Als sie gewonnen haben
Waren sie wo, nicht hier.
Sie springen in die Zeilen
Und wollen übers Grab.
Wie sie sich beeilen
Falln sie wie Ästelein ab.

Lieder für Kinder

Lied vom Hutkaufen

Grün ist der Rhabarberstrauch
Freundlich ist ein satter Bauch
Bist du gut, kannst du dich freun
Laß die Schlechten grimmig sein:
Sie sollen schilpen wie Spatzen
Bis sie vor Ärger platzen –
Dann hats der Gute gut
Und kauft sich einen Hut.

Gelb ist der Kartoffelstrauch
Traurig ist ein dürrer Bauch
Bist du schlau, kannst du dich freun
Laß die Dummen grimmig sein:
Sie sollen krächzen wie Krähen
Bis sie im Nebel stehen –
Dann hats der Schlaue gut
Und kauft sich einen Hut.

Rot ist der Windrosenstrauch
Kräftig riecht ein Bratenrauch
Bist du schnell, kannst du dich freun
Laß die Faulen langsam sein:
Sie sollen glotzen wie Eulen
Bis sie im Finstern heulen –
Dann hats der Schnelle gut
Und kauft sich einen Hut.

Lied von der Kartoffel

Es war eine Kartoffel
Die fand einen Pantoffel
Sie ist hineingerollt.
Der Pantoffel war aus Gold.

Da rief sie: Jetzt bin ich Kartoffelkönig!
Und ist nicht herausgekrochen
Doch schon nach sieben Wochen
Hat sie sehr schlecht gerochen
Und faulte gar nicht wenig.

Strophe vom Hahn

Es war ein Hahn, es war ein Hahn
Der fing bei Nacht zu krähen an:
Er saß auf einer Tonne
Und dachte, er wäre die Sonne.

Strophe über Ökonomie oder die Lehre »Wer frißt wen?«

Eins, eins, eins
Was meins ist, ist nicht deins
Sprach zum Pferd der Hafersack
Und trug sich selber Huckepack.

Strophe über Geduld

Eins, eins, zwei
Ein Tag geht schnell vorbei;
Doch sinds zwei, muß man schon warten:
Am besten in einem Pflaumengarten.

Lied des Hofgelehrten

Als ich jung war, saß ich viel
Über weisen Büchern still
Und war hungrig und war arm
Und am Abend wars nicht warm.
Ich sagte mir:
Was ist alle Weisheit wert
Wenn sie dich so schlecht ernährt?

So, mit meinem letzten Pfennig
Rciste ich zum großen König
Bot mich als Gelehrter an
Der die Wahrheit finden kann.
Ich sagte mir:
Was ist deine Weisheit wert
Wenn sie dich nicht auch ernährt?

Bald, ach, merkte ich: Der König
Hielt von Wahrheit ziemlich wenig
Sondern wollte, daß man sagt
Was zu hören ihm behagt.
Ich sagte mir:
Was ist alle Wahrheit wert
Wenn sie dich nicht gut ernährt?

Nun, ich lernte Worte biegen
Und mal viel, mal wenig lügen
Und bin satt und bin nicht arm
Und am Abend hab ichs warm.
Ich sage mir:
Was ist alle Weisheit wert
Wenn sie mich nicht gut ernährt?

Lied der Wächter im Land Bum-bum

Bum! Bum! Bum! Bum!
Bum! Bum! Bum! Bum!
Wir hören! Wir hören!
Will wer die Ordnung stören?
Wir hören spät, wir hören früh
Wir hören jede Melodie
Ein Irrtum kommt nicht vor
Wir sind des Königs Ohr.

Bum! Bum! Bum! Bum!
Bum! Bum! Bum! Bum!
Wir führen, wir führen
Hinter verschlossene Türen
Wir führen spät, wir führen früh
Hin führt der Weg, doch rückwärts nie!
Ein Irrtum kommt nicht vor
Wir sind des Königs Ohr.

Lied des Bettlers

Fand ich mir ein kleines Glück
War es schon zuviel.
Wo jetzt geh ich? Vor? Zurück?
Schon bin ich ein Stein im Spiel.
Ach, die Großen, ach, die Hohen
Wolln das Glück auch, und sie drohen
Wollens nehmen, wollens kaufen
Anstatt selbst danach zu laufen
Aber mir
Aber mir
Was denn bleibt noch übrig hier?

Hymne der Bum-bumer

Mein Bum-bum, in Stahl und Eisen
Stehst voll Sonnenglanz du da
Und wir werden es beweisen
Deine Söhne sind wir, ja!
Freche Mäuler, die dich schmähen
Werden wir zu Staub zermähen
Und dein stolzer Name klingt
Bis Bum-bum! das Weltall singt.

Mein Bum-bum, zum blauen Himmel
Steigt gewaltig auf der Dampf
Wir, des Landes Volksgewimmel
Schwören standhaft vor dem Kampf:
Der Bum-bumer stolze Herzen
Werden jeden Feind hinmerzen
Und dein schöner Name klingt
Bis Bum-bum! das Weltall singt.

Zwölfklangs Lied

Morgens lag im Tau das Feld
Und mein Tag war klein.
Mittags steh ich in der Welt
Und ich bin allein.

Ach, die Worte, die wir sagen
Können lösen und erschlagen
Die Gedanken, die wir sprechen
Können heilen und zerbrechen –

Steh ich zwischen hier und dort
Weiß nicht, was ich sag;
Schweres hängt an meinem Wort
Keiner, den ich frag.

Lied des Spions

O Leben ohne Himmel
In trüber Kellernacht!
In Ratten und in Schimmel
Dien ich des Königs Macht.

Im schweigenden Gewölbe
Die Tropfen fallen hohl;
Wo Tag und Nacht dasselbe
Dien ich des Königs Wohl.

In den feucht- und finstern Mauern
Muß ich horchen, muß ich lauern
Spionieren, denunzieren –
Doch wie herrlich ist der Lohn
Für den eifrigen Spion.

O Leben ohne Himmel
In trüber Kellernacht
In Ratten und in Schimmel
Dien ich des Königs Macht.

Zwölfklangs Lied vorm Richtblock

Blumen blühen auf dem Feld
Die ich nicht mehr seh
Vögel fliegen in der Kält
Die ich nicht versteh.
Immer, wenn ich an dich denk
Wird der Weg mir schwer
Und die Schritte, die ich lenk
Spür ich schon nicht mehr.

Schön war die Sonne, kühl der Tau.
Wenn ich geh, weiß ichs genau.

Lied des Musikanten

Als ein Sturm ins Städtchen kam
Und den Rathausturm mitnahm
Samt dem grünen Kupferdach
Schrie der Bürgermeister: Ach!

Der König kam mit Soldaten und sprach
Als alle Leute gafften:
Man muß den Sturm verhaften!
Ein Marschall rief: Mir nach!

Da ist die Armee marschiert
Zehn Generale haben sie geführt
Sie marschierten hinter dem Sturmwind her
Erst sah man noch Staub, dann sah man nichts mehr
Erst sah man noch Staub, dann sah man nichts mehr.

Der König stand vorm Schlosse
Und heulte in die Gosse.
Er war ein König ohne Armee.
Da ertränkte er sich in der grünen See.

Lied des Spielmanns an die Lärchen

Ach, meine grünen Schwestern
Wohin fahrt ihr weg?
Was ich sehe, war gestern.
Jetzt geht kein Weg.

Alles ist von weitem.
Der Wald wird, ja, neu.
Die Blätter bedeuten
Anderes Heu.

Die Amseln, die Spatzen
Sind über dem Schnee.
Ich schneide Fratzen.
Weiß ich, was ich seh.

Pacas Lied für die Puppe

Schlaf, mein Lamm, schlaf
Der Mittag ist ein Schaf
Das geht hinter den Hecken
Wird dich mit Blüten decken
Sein Maul ist rund, macht dich gesund.

Schlaf, mein Lamm, schlaf
Der Mittag ist ein Schaf
Das liegt bei den Zypressen
Die Nacht kann es nicht fressen
Sein Maul ist rund, macht dich gesund.

Lied der gepanzerten Wächter

Rassel, rassel, rassel!
Der Mensch ist eine Assel.
Der Mensch ist eine Made.
Es ist um ihn nicht schade.
Man tritt ihn in den Dreck.
Dann ist die Assel weg.

Rassel, rassel, rassel!
Der Mensch ist eine Assel.
Der Mensch ist eine Milbe,
Er hat nur eine Silbe.
Man tritt ihn in den Dreck
Dann ist die Silbe weg.

Lied von Zwölfklangs Freunden

Kaum befreit, kaum befreit
Sehn wir, ach: Der Weg ist weit.
Schlangen wollen in uns beißen
Hunde wollen uns zerreißen
Und die Nacht, und die Nacht
Faßt uns an, eh wirs gedacht.

Lied des jungen Paars

Fang ich einen Blick von dir
Bin ich aus der Welt.
Endlos ists von mir zu dir
Wenn ein Schatten fällt.

Frag ich dich: Wo gehst du hin
Sagst du: Ich geh fort.
Wärst du dort, wo ich auch bin
Wärs ein guter Ort.

Ach, die Himmel, ach, die Straßen
Über die die Winde blasen
Ach, die Dornen, ach, die Schlehen
Durch die früh die Regen gehen –

Frag ich dich: Wo gehst du hin
Sagst du: Ich geh fort.
Wärst du dort, wo ich auch bin
Wärs ein guter Ort.

Lied auf einer Wiese

Orangen, Pomeranzen
Blühn im kühlen Laub
Die braunen Hummeln tanzen
Im goldnen Mittagsstaub.

Grau ist der Abend, blau die Nacht
Und der Tag aus Luft gemacht.

Zwölfklangs Lied zum Abschied

Schattenbäume wachsen
Kühl am Straßenrand.
Was ich seh, sind Wolken
Was ich spür, ist Regen
Was ich hör, ist Sand.

Aber ich, wo geh ich hin
Wenn ich auf den Wegen bin
Wo die satten Blumen blühn.

Lieder aus anderen Sprachen

Molière
Lied des Monsieur Jourdain

Ich hielt die kleine Jeanne
Für so süß wie brav.
Ich hielt die kleine Jeanne
Für viel süßer als ein Schaf.
Aber ach, leider ach
Merkte ich es bald:
Sie ist hunderttausend Male
Schlimmer als der Tiger in dem Wald!

Molière
Erstes Trinklied

Phyllis, deinen kleinen Finger, daß beginnt das süße
 Spiel
Ach, wie ziern den Becher deine Hände!
Du und auch der Wein entfesseln Kräfte wundersam
 und viel
Doppelt stark spür Liebe ich am Ende.
Zwischen ihm und dir und mir
Schwören wir, ach, schwören wir
Ewig Liebe.

Wenn ihn nur berührt dein Mund, ah, welche Reize,
 kaum gewußt
Und auch dich macht er vor Süße schauern!
Eines macht den andern glühn und eins zum andern
 schöne Lust
Dieses Trinken, ach, soll ewig dauern.
Zwischen ihm und dir und mir
Schwören wir, ach, schwören wir
Ewig Liebe.

Molière
Zweites Trinklied

Trinken laßt uns, Freunde, trinken
Denn die Zeit geht schwarz und blind.
Vor wir in den Jordan sinken
Zeigt ein Schluck uns, daß wir sind.

Winkt der finstre Fluß
Dann Adieu, Genuß
Trinket rasch und schnell
Bald ist Nacht zur Stell.
Lassen wir den Dummen die
Weltweisheit aus Rauch und Lüge;
Unsere Philosophie
Finden wir im Bauch der Krüge.

Viel Besitz und Ruhm und Wissen
Lindern nicht der Sorgen Last.
Nur beim Trinken kannst du wissen:
Glück ist, was die Gurgel faßt.

Auf, auf, auf, vom Wein gießt aus Kannen ein!
Hört nicht auf, gießt ein, bis man sagt euch: Nein!

Aus dem Französischen
Die Schäferin

Es war ein Schäfermädchen
Und schnurr, und schnurr, kleiner Schnurrdiburr
Die war bekannt im Städtchen:
Mehr als das liebe Vieh
Liebte die Jungen sie.

Einst als sie lag am Flüßchen
Und schnurr, und schnurr, kleiner Schnurrdiburr
Sprang sie aus Rock und Blüschen
Als sie Pierre sah
Und der war ziemlich nah.

Pierre fing an zu wippen
Und schnurr, und schnurr, kleiner Schnurrdiburr
Er leckte sich die Lippen:
Er wollte fühlen sehr
Wie weich ihr Kätzchen wär.

Die Schäferin, nicht bieder
Und schnurr, und schnurr, kleiner Schnurrdiburr
Die öffnete ihr Mieder:
»Nimm meine Brüstchen dir
Küß sie erst hier, dann hier.«

Und daß der Junge fände
Und schnurr, und schnurr, kleiner Schnurrdiburr
Auch Platz für seine Hände
Macht sie die Beinchen auf
Und sagt ihm das darauf:

»Laß deine Finger spielen
Und schnurr, und schnurr, kleiner Schnurrdiburr
Ich lieb so, sie zu fühlen
Streichle es mir sofort
Sonst kriegst den Stock du dort!«

Doch Pierre nahm nicht die Pfote
Und schnurr, und schnurr, kleiner Schnurrdiburr
Er legt nicht seine Pfote
Das Schwein, er legt sein Kinn
Er legt sein Kinn dorthin.

Und zu des Flusses Rauschen
Und schnurr, und schnurr, kleiner Schnurrdiburr
Kannst dem Gebet du lauschen:
»Hör noch nicht auf, ah ja
Wir tuns noch mal, ah ja, ah ja, ah ja.«

Aus dem Russischen
Hinterm Wäldchen

Wie am Wäldchen, hinterm Wäldchen
Hinterm steilen Uferwäldchen
War das Tal so weit
Ach so weit und lang.
Ja!

Trieb der Hirt hinaus die Herde
In das weite, in das Tälchen
Wo Maschunja wartet
Kommt der Liebste bald.
Ach!

Aus dem Griechischen
Das Fischerboot

Fährt ein kleines Fischerboot, das
Fährt früh vom Strand
Fährt früh vom Strand.
Fährt ein kleines Fischerboot und
Fährt vom kleinen Idhra ab und
Zieht nach Schwämmen aus, nach Schwämmen
Jalo, jalo, olo jalo.

Darin sind die Jungen, sind die
Jungen vom Strand
Jungen vom Strand.
Darin sind die jungen Jungen
Die so tief nach Schwämmen tauchen
Und nach Muscheln und nach Perlen
Jalo, jalo, olo jalo.

Seid gegrüßt, ihr jungen Jungen
Gut bläst der Wind
Gut bläst der Wind.
Seid gegrüßt, ihr jungen Jungen
Sucht die wunderschönen Schwämme
Anemonen und Korallen
Jalo, jalo, olo jalo.

John Keats
Meg Merrilies

Old Meg war ne Zigeunerin
Und lebte auf dem Moor.
Ihr Bett war das braune Heidegras
Und ihr Haus war vor dem Tor.

Ihre Äpfel waren Brombeern schwarz
Und Rosentau ihr Wein
Ihre Rosinen vom Ginsterbusch
Und ihr Buch ein Kirchhofstein.

Ihre Brüder waren die Hügel steil
Ihre Schwestern Lärchen kühl;
Mit ihrer großen Sippe allein
Lebte sie, wies ihr gefiel.

Kein Frühstück hatte sie manche Früh
Und mittags kein Mittag
Und statt des Nachtmahls starrte sie
Den Mond an manchen Tag.

Doch jeden Morgen vom Windenlaub
Flocht sie ihren Kranz;
Und jeden Abend webte sie
Bergeibenzweige, und sang.

Und mit ihren Fingern alt und braun
Flocht sie Binsenmatten frisch
Und gabs den armen Häuslern, die
Sie traf im Moorgebüsch.

Old Meg war amazonenhoch
Und kühn wie Queen Margreit;
Sie hatte einen Basthut auf
Und ne rote Decke als Kleid.
Gott geb ihren alten Knochen Ruh:
Sie starb vor langer Zeit.

Edmond Rostand
Cyranos Fechtballade

Meinen Filzhut werf ich ab
Langsam sinkt ihm nach zur Erde
Was als Mantel mich umgab
Elegant greif ich zum Schwerte –
Mißgewachsner Myrmidon
Deines Hochmuts Segel reff ich:
Dieser Stahl zahlt dir den Lohn
Am Ende der Ballade treff ich.

Truthahn! hackst du dich ins Grab?
Rat, wo ich dich spicken werde:
In der Flanke? oder knapp
Überm Orden, der dich ehrte?
Nein – im Wanst! er bläht sich schon
Meine Spitze schwirrt, ich äff dich:
Dong! bald kommt dein letzter Ton
Am Ende der Ballade treff ich.

Mir fehlt ein Reim. Kerl, läufst du Trab
Bleich wie eine Lämmerherde?
Reimchen, komm! Ja! wie der Stab
Klack! dir diesen Ausfall wehrte
Zahl ich dir vorm Stich den Hohn.
Deckung frei – gesperrt! Wie? Kläff nicht!
Halt den Bratspieß, Speckhunds Sohn!
Am Ende der Ballade treff ich.

Zueignung
Hoff nun, daß dir Gott vergab.
Seitschritt – bete! Bete heftig!
Stoß, und Finte – he! fahr ab!
Am Ende der Ballade treff ich.

Edmond Rostand
Ragueneaus Backlied

Schlag, den neuen Tag zu feiern
Das Weiß von Eiern
Bis sie sich zu Schaum verwandeln.
Gib Zitronensaft hinein
Misch darein
Weiße Milch von süßen Mandeln.

Deiner Förmchen Silberränder
Als Geländer
Laß den Teig sodann umschließen.
Leichter Hand mit Mandelstücken
Füll die Lücken
Und in sanften Schlucken gieß den

Schaum hinzu. Dies laß dem Feuer
Bis ein neuer
Teig entkommt des Ofens Pforten:
So, in einer kurzen Stunde
Hast du runde
Süße kleine Mandeltorten.

Edmond Rostand
Lied der Gascogner Kadetten

Das sind die Gascogner Kadetten
Unter Carbon de Castel-Jaloux!
Sie lügen wie siebzig Propheten
Das sind die Gascogner Kadetten
Wens trifft, der ist nicht mehr zu retten
Ein Wort, und schon stoßen sie zu:
Das sind die Gascogner Kadetten
Unter Carbon de Castel-Jaloux.

Das sind die Gascogner Kadetten
Was Röcke hat, fliegt ihnen zu
Sie stürmen die Ehebetten
Und nehmen sich, was sie gern hätten
Da hilft den Gehörnten kein Beten
Ein Griff, und schon stoßen sie zu:
Das sind die Gascogner Kadetten
Unter Carbon de Castel-Jaloux.

François Villon
Ballade an seine Geliebte

Weib schön und falsch, für die ich soviel zahl
Ach, grob bist du: Dein Sanftmut ist nur Schein
Die Lieb ist hart wie kaltgeglühter Stahl.
Das sage ich und seh, ich gehe ein.
O falscher Charme, du eines Herzens Tod
Versteckter Hochmut, wie er Mördern frommt
Augen ohn Mitleid! seht ihr nicht die Not
Und helft dem Armen, eh er ganz verkommt?

Weit besser wär, ich hätte mir gesucht
Anderen Trost, dann säß ich jetzt im Glück
Und wäre nicht von Leiden heimgesucht.
So flieh ich weg, und lasse Schmach zurück.
O helft, o helft! ihr Groß- und Kleinen, mir!
Doch was ist das? sterb ohne Hieb ich prompt
Oder kann Mitleid in dem Jammer hier
Dem Armen helfen, eh er ganz verkommt?

Bald naht die Zeit, da ist dein weißes Blühn
Verwelkt, verdorrt und in den Wind getan:
Dann lache ich, wird sich mein Mund noch ziehn.
Doch ach, nicht so! denn das ist nur ein Wahn:
Ich bin dann alt, Ihr häßlich, grau und zäh.
Darum trinkt schnell, solang der Saft noch kommt
Verschenkt nicht allen dieses böse Weh
Und helft dem Armen, eh er ganz verkommt.

Zueignung
Verliebter Fürst, der Liebenden Seigneur
O denkt nicht schlecht von dem, dem Hilfe frommt
Denn jedes Herz, so will es unser Herr
Helf einem Armen, eh er ganz verkommt.

Sergej Jessenin
Ahorn

Ahorn, mein eiskalter, du mein abgefallner:
Was stehst du im Schneesturm weiß und weit von allen?

Ists, daß du was hörtest? Hast du was gesehen?
Kamst wohl hinters Dorf, um hier spaziernzugehen.

Und wie ein betrunkner Wächter auf dem Wege
Frorst du dir den Fuß, versankst du in der Wehe.

Ach, und ich, ich selber kann nicht grad mehr stehen
Nicht mehr bis nach Haus vom warmen Trinken gehen.

Traf da eine Weide, sah da eine Tanne:
Schrie im Schneesturm ihnen nachts ein Lied vom
    Sommer.

Und mir selber wollt ich solch ein Ahorn scheinen
Nur noch nicht entblättert, nur mit grünen Zweigen.

Und verrückt zum Brüllen, und den Rest verlierend
Als wärs eine Frau, umarmt ich eine Birke.

Anna Katarina
oder
Die Nacht am Moorbusch

*Eine sächsische Schauerballade
nebst dreizehn sanften Liedern
und einem tiefgründigen Gespräch*

Anna Katarina oder Die Nacht am Moorbusch

Anna Katarina, der Engel von Freital,
Kommt mit sieben Pferden in einer Juninacht;
Hellbraun und wildfremd sind ihre Augen,
Halb Sachsen hat sie ins Unglück gebracht.
Schwarz wehn die Ulmen, grün scheint der Mond.

Hoch im Dom Meißen der mächtige Bischof
Sah Anna Katarina, und sank vom Altar
Hin auf die Knie und schrie wüste Gebete
Statt zum Herrgott zu ihr, als sie dreizehn Jahr war.
Schwarz wehn die Ulmen, grün scheint der Mond.

Weh, du höchst schöner selbpäpstlicher Bastard,
Dem Anna Katrin jung die Unschuld hingab –
Meißnische Mönche durchbohrten dich meuchlings,
Freitaler Erde deckt dunkel dein Grab.
Schwarz wehn die Ulmen, grün scheint der Mond.

In Kemenaten Graf Rutbert von Oschatz
Hielt Lustfräulein sechs, deren Augen warn blau –
Zwölf Augen blutrot warf er in die Mulde,
Vor er ritt zu Ann Katrin, der elbischen Frau.
Schwarz wehn die Ulmen, grün scheint der Mond.

Siebenzehn Pelzhändler aus der Stadt Leipzig
Fuhren als Freier ins Dresdnische Land;
Siebenzehn Pelzhändler, da Annkatrin NEIN sprach,
Haben im Elbsumpf sich schweigend entmannt.
Schwarz wehn die Ulmen, grün scheint der Mond.

Fern von Nahost der muslimische Sultan
Um Ann Käthchens Bild schickte Boten, goldschwer;
Zerstückt sind die Boten, der Sultan im Fieber,
Auf Sachsen rückt stinkend das türkische Heer.
Schwarz wehn die Ulmen, grün scheint der Mond.

Wer geht vermummt hinter Kloster Buchs Mauern?
Wer sind, die nächtlich auf Wegen hinzichn?
Sächsische Edle, umdüstert die Stirnen,
Sprechen den Spruch über Anna Kathrin.
Schwarz wehn die Ulmen, grün scheint der Mond.

»Gero von Kriebstein, der hat sie genommen,
Gero von Kriebstein, schwer hat er gebüßt –
Neuntausend Gaffer beim Brautzug zur Zschopau
Traten ihn platt, daß nichts mehr von ihm ist.«
Schwarz wehn die Ulmen, grün scheint der Mond.

»Juan del Toro, Spaniens kundigster Degen,
Lag ihr bei, bis sein Gemächt schnurrte ein:
Tausenddrei schäumende spanische Donas
Sandten nach Sachsen vergifteten Wein.«
Schwarz wehn die Ulmen, grün scheint der Mond.

»Vicomte du Cules, der Gesandte der Lilie,
War ihr Gespiel, doch sein Gut schmolz dahin –
Eisig sein Onkel, Fürstkämmrer von Frankreich,
Ließ Sachsenland die Kredite entziehn.«
Schwarz wehn die Ulmen, grün scheint der Mond.

»Mandarin Yang aus dem Reiche der Mitte
Tat es ihr wohl, bis er gelb lag und stumm;
Seither der gottgleiche Kaiser von China
Lenkt seine Seiden um Sachsen herum.«
Schwarz wehn die Ulmen, grün scheint der Mond.

»Schlimmstens! das regsame Volk, unsre Sachsen,
Rackernd auf Krume und Pfühl stets mit Lust –
Träge hängts rum und heult Verse von jener
Elbaumaid, und ihrer schneeweißen Brust!«
Schwarz wehn die Ulmen, grün scheint der Mond.

Weh da am Moorbusch der häßliche Schatten.
Irrt ein Gespenst, wacht ein Häscher im Sold?
Annekatrin hebt so müde die Lider,
Die sie doch besser nicht heben gesollt.
Schwarz wehn die Ulmen, grün scheint der Mond.

Jener, der Mörder, sieht nicht ihre Blicke.
Jener sieht nur, was zu sehn man ihn zahlt.
Springt auf die Kutsche, sein Dolch tut die Arbeit.
Springt von der Kutsche, verschwindet im Wald.
Schwarz wehn die Ulmen, grün scheint der Mond.

Anna Katarina, der Engel von Freital,
Fuhr mit sieben Pferden in einer Juninacht;
Hellbraun und wildfremd warn ihre Augen.
Halb Sachsen hat sie ins Unglück gebracht.
Schwarz wehn die Ulmen, grün scheint der Mond.

Dreizehn sanfte Lieder aus dem Sächsischen

Alltags, sonntags darfst du fragen,
Was des Mondlichts Splitter sagen.
Wer des Mondlichts Splitter fängt,
In die gute Stub sie hängt.

Lied allein

Ihren Gürtel fand ich
Mit Rosen bestickt.
Vor dem Garten stand ich,
Ob sie mich anblickt.
O ihr leichter Gang
Macht, daß ich singe;
O ihr leichter Gang,
Daß ich zerspringe.

Ihren Gürtel spür ich,
Fahr ich übern See.
Weidenblätter rühr ich,
Wenn ich von ihr geh.
O ihr blonder Leib
Macht, daß ich singe;
O ihr blonder Leib,
Daß ich zerspringe.

Hinterm Brombeerstrauch

Schnurre, Rädchen, früh vorm Tau
Bläst der Wind den Himmel blau
Hinterm Brombeerstrauch.
Sprang der Wind von Ost nach Süd,
Sieht die Amsel, was ihr blüht
Hinterm Brombeerstrauch.

Schnurre, Rad, zur Mittagszeit
Sind die Wege gelb und weit
Hinterm Brombeerstrauch.
Flog ein Kuckuck übers Meer,
Ruft er kreuz und ruft er quer
Hinterm Brombeerstrauch.

Schnurre, Rädchen, vor der Nacht
Hat der Kuckuck nichts gebracht
Hinterm Brombeerstrauch.
Fiel die Amsel aus dem Nest –
Hält sie sich am Mondstrahl fest
Hinterm Brombeerstrauch.

Geselliges Lied

Dunkle Violen
Und Akelei
Hab ich gestohlen,
Daß sie sich freu.
Blaß lag der Tau auf den Weiden.

Was ich ihr sagte,
Des schweigt mein Mund.
Wie sie mich fragte,
Wird keinem kund.
Blaß lag der Tau auf den Weiden.

Kuckuckskraut brach sie
Am lieben Ort.
Gestern noch sprach sie,
Sie geht nicht fort.
Blaß liegt der Tau auf den Weiden.

Goldmaries Lied

Schlief ein Drache groß und heiß
Tief im Drachenloch.
Deckte ihn der Märzschnee weiß,
Fror der Drache doch.

Lief ein Mädchen jung und warm
Barfuß durch den Schnee.
Sank wohl in des Drachen Arm,
Ward ihr schwach und weh.

Rief sie laut: Ach, gib mich los.
Sprach das Tier: Ich bins.
Barg den Kopf in ihrem Schoß;
War ein schöner Prinz.

Lied dreier Heerhaufen

In Niflheim tanzen die Nornen,
He o he,
In Niflheim wachsen die Dornen
Schräg in die See.

Rühr um, Tante Hel, back Kuchen,
Wir wolln über Land.
Rühr um, Tante Hel, back Kuchen,
Gras schmeckt besser als Sand.

In Niflheim dampfen die Eichen,
He o he,
In Niflheim wärmen die bleichen
Mahre den Schnee.

Rühr um, Tante Hel, back Kuchen,
Wir wolln über Land.
Rühr um, Tante Hel, back Kuchen,
Gras schmeckt besser als Sand.

In Niflheim kauen die Toten,
He o he,
Die Wolken, die weiß und roten,
Zu Schaum in der See.

Lied beim Gänsehüten

Fällt der Morgen wie ein Beil
Schräg in meine Kammer,
Hab ich an der Welt nicht teil,
Und kein Ort, an den ich eil,
Lindert mir den Jammer.

Schneeglocke will nicht läuten,
Frühlings Gelb macht mich blind.
Am Fluß die Binsen schneiden
Geh ich, daß ich sie wind
Mir zum Kranz.

Ritt ich mittags über Land,
Wars vor sieben Wochen.
Als des Liebsten Haus ich fand
Und vorm Tor den Schuh mir band,
Lag das Tor zerbrochen.

Maiglocke will nicht läuten,
Sommers Grün macht mich blind.
Am Fluß die Binsen schneiden
Geh ich, daß ich sie wind
Mir zum Kranz.

Lied zu Johannis

Spinnweb hieß der erste Elf,
Mückenschwirr der zweite.
In den Büschen schlug es zwölf,
Als mein Freund mich freite.

Freit er mich, so freit ich ihn
Gern mit heißen Ohren.
Als das neue Frühjahr schien,
War mein Kind geboren.

Bracht ichs dem Herrn Pfarrer her,
Daß ers solle taufen;
Fragt er, wer der Vater wär,
Sprach ich: Weit entlaufen.

Dien als Pfarrfrau ich ihm zwölf
Monde schon in Frische;
Nur ruft mich der Mittagself,
Ziehts mich in die Büsche.

Sieben Prinzen

Bei den Wasserlinsen
Zwischen Schilf und Binsen
Flocht ich mir das Haar.
Kamen sieben Prinzen,
Keiner der meine war.

Der erste hat gelogen,
Der zweite war kreuztaub,
Der dritte schlich verbogen,
Des vierten Kleid war Staub.
Der fünfte spuckte Schlehen,
Dem sechsten schwang der Bauch;
Der siebte, kaum zu sehen,
Verging wie des Flußwinds Hauch.

Wie nun soll ich denken?
Die Nächte sind bös hell.
Will wer mir Liebe schenken,
Der frage schnell.

Pfänderlied zu Neujahr

Wo ein Elch im Nordlicht scharrt
Und der Mond das Jahr fortkarrt,
Trifft ein halber Sonnenstrahl
Früh im März den ersten Pfahl
Von Schneekönigs Schloß hinter Schweden.

Den Strahl mußt du fangen.

Wo von West ein Eiswolf heult
Und der Ost die Hügel beult,
Trifft ein halber Vogelruf
Im April den Hinterhuf
Von Schneekönigs Pferd hinter Schweden.

Den Ruf mußt du fangen.

Wo ein Troll die Nebel beißt
Und kein Moos den Pfad dir weist,
Taut nur eines Mädchens Kuß
Spät im Mai das Eis vom Fluß
Um Schneekönigs Reich hinter Schweden.

Den Kuß mußt du geben.

Pirol, Fuchs und Mistelstrauch klagen am Weg

Der Pirol

Daß ich flöte, und bei Tag,
Wies euch, wo mein Reich ist;
Nun das Netz im Rosenhag
Löst nur, der mein Fleisch ißt.

So muß ich vergehen.

Der Fuchs

Weil im Lied ich Gänse reiß,
Jagen sie mich alle.
Eh ich früh die Wahrheit weiß,
Faßte mich die Falle.

So muß ich verderben.

Der Mistelstrauch

Unter meinem Winterlaub
Kamen Mädchen küssen;
Sank mein Wirt, der Baum, in Staub,
Soll sein Gast es büßen.

So muß ich verdorren.

Lied nach der Bewirtung

Lavendel wächst im Frankenland
Und Honig würzt die Luft.
Ich lach, da ich dich warten fand
Beim Rosmarin, im Thymiankraut –
Da lala lala lala dong,
Meine Schöne.

Malvasier blüht im Spanierland
Und Myrrhe würzt die Luft.
Ich lach, da ich dich warten fand
Am Klostertor, beim Malvenstrauch –
Da lala lala lala dong,
Meine Schöne.

Die Rübe grünt im Sachsenland
Und Weißlauch würzt die Luft.
Ich lach, da ich dich warten fand
Beim Küchenkraut, im Bratenrauch;
Da lala lala lala dong,
Meine Schöne.

Lied des Malers

Des Abends Helle
Hat mildes Licht.
Wir wandern schnelle
Und dauern nicht.
Mensch, Tier, Hund, Esel, Baum
Sehn der Nachtwolke Saum
Und sind zur Stelle,
Wenn der Tag bricht.

An keinen Grenzen
Steht der Tod still.
Deines Leibs Glänzen
Ist, was er will.
Da du mich wild umschlingst
Und mich zur Wonne bringst –
Mit scharfem Sensen
Trifft er sein Ziel.

Wo wir auch gehen,
Kein Weg ist fest.
Gott läßt uns flehen
Und nimmt den Rest.
Eh mich dein Mund noch ruft,
Öffnet sich schon die Gruft;
Wind wird verwehen,
Was Nacht uns läßt.

Hasenkanon

Die alte Oma Löffelholz
Mit ihrem weißen Barte –
Die war auf ihren Kohl so stolz;
Sie hielt ihn sonder zarte.

Gespräch mit Rainer Kirsch
über »Anna Katarina oder Die Nacht
am Moorbusch«

Herr Kirsch, Sie haben da einen historischen Stoff aufgegriffen?

So gut ich es vermochte.

Welches sind Ihre Quellen?

Ich fürchte, es gibt keine.

Aber es muß doch Quellen geben?

»Muß« ist ein etwas heftiger Ausdruck. Immerhin, es sollte welche gegeben haben.

Und wo sind die?

Sie sind natürlich unterdrückt worden.

Das leuchtet nicht ein. Erzählt wird doch, wie ein epochal schönes junges Weib vermittels ihrer Schönheit eine Gesellschaftsstruktur gleichsam aufrollt, diese Struktur war feudal-patriarchalisch –

Mit frühbürgerlich-merkantilen Einschüssen.

– und die Story mahnt hübsche weibliche Heranwachsende, ihnen aus biologischen Gründen zeitweilig zuteil werdende Überaufmerksamkeit nicht zu ernst zu nehmen: Ordne dich ins Vorhandene, sonst gehts schlimm aus. Die damals herrschenden Patriarchalen hätten das in Massenauflage verbreiten müssen.

Sie folgern, argwöhne ich, daß, weil heutige Zensur gelegentlich unweise verfährt, Zensoren zu allen Zeiten der Weisheit ermangelt hätten. Ich kann mich dem nicht anschließen.

Jene Quellen zu unterdrücken wäre weise gewesen?

Aber ja doch. Schließlich war der Vorgang hochpolitisch.

Die meisten betrüblichen Vorgänge sind politisch, und doch lebt Ihresgleichen davon, sie zu schildern.

Stimmt; Betrübliches, auf schöne Weise dargestellt, stört kaum eine Gesellschaft. Hingegen Hochpolitisches –

Na?

Wenn EINE realexistierende Schönheit reicht, die zentraleuropäische Ordnung ins Kippeln zu bringen, wird diese Ordnung doch ziemlich anfällig gewesen sein? Bedenken Sie, die Sachsen fingen an zu faulenzen, das ist dem Stillstand der Sonne vergleichbar! Was hätten die sächsischen Edlen tun sollen?

Was?! Zurücktreten und eine bessere Ordnung einführen!

Beides zuglcich?

Das ist eine empörende Frage!

Empörung ist ein Gemütszustand, den wir einnehmen, ärgerliche Antworten aus dem Kopf zu drängen. Die sächsischen Edlen waren ja die Ordnung. Woher eine andere? Von der Kaufmannschaft, deren hoffnungsvollste Vertreter sich vor kurzem freiwillig kastriert hatten? Vom Volk, das erfolgreich dabei war, einfache Tätigkeiten wie das Brotbacken zu verlernen, und statt dessen auf Hochzeiten lungerte und trampelte, vermutlich besoffen? Oder von den Türken?

Vielleicht von Ihrer Heldin, dem »Engel von Freital«. Ein aufschlußreicher Beiname, nicht?

Gewiß. Aber er stand ja für kein soziales Programm, sondern einzig für jene merkwürdige – offenbar außer in Italien nur in Sachsen vorkommende – Sorte Schönheit, da Lieblichkeit und Unschuld der Züge Abgründe von Sinnlichkeit zu überdecken scheinen, in die zu loten jeder tüchtige Mann den Stachel fühlt. Das Problem der sächsischen Edlen hieß schlicht: Wir oder die Anarchie.

So daß sie »schlicht« eine abscheuliche politische Mordtat zu finanzieren beschlossen?

Einen politischen Mord, ja.

Sie vermeiden die Kennzeichnung »abscheulich«?

Aus Selbstliebe. Ich verdanke ja jener Erdolchung am Moorbusch meine Existenz.

Daß Sie sich nicht schämen! Pfui!

Wenn Sie einen Augenblick geopolitisch denken wollen? Die Türken standen östlich Dresden (bei günstigem Wind müssen sie am Knoblauchgeruch ortbar gewesen sein), Frankreich hatte den Zahlungsverkehr eingestellt und würde, brach Sachsen zusammen, unzweifelhaft in das Vakuum stoßen, was wiederum die Engländer auf den Plan zwänge; womöglich hätte sogar China irgendwelche tartarischen oder finnischen Hilfsvölker entsandt, im Interesse des Seidenhandels. Wie immer der folgende Nullte Weltkrieg sich am Ende arrangiert hätte – die Sachsen, dieses zögerliche, kunstsinnige und für Partisanenwiderstand gänzlich uneingerichtete Volk, wären zerrieben und ausgelöscht. Ich bin ein sächsischer Dichter, wo wäre ich? Nicht auszudenken, welch greuliches Kauderwelsch in der mir lieben Weltgegend heute gesprochen würde, falls Menschen dort zu siedeln überhaupt den Mut fänden.

Sie, ein Humanist, rechtfertigen eine feudale Schurkerei?

Mein Beruf enthebt mich der Möglichkeit, politisch zu handeln, denken muß ich wohl dürfen? Immerhin haben die sächsischen Edlen sich den Entschluß nicht leicht gemacht. Der Text spricht von »umdüsterten Stirnen«, das deutet kaum auf Mordlust.

Der Text? Ihr Text, für den Sie keinerlei Quellen haben!

Ich versuche Ihnen die ganze Zeit zu erklären, weshalb ich keine haben kann.

Mit denkbar dünnem Erfolg! Finden wir nicht in der Menschheitsgeschichte hochkipplige internationale Lagen in Menge, und woher kennen wir die? Doch aus Quellen, nicht aus Einflüsterungen des Weltgeists!

Kein Einwand. Ich bemühe nicht den Weltgeist.

Ha! Wimmeln nicht, ferner, die Hervorbringgungen Ihrer Kollegen Literaten und Geschichtsschreiber von sorgfältigst ausgeschmückten verabscheuungswürdigen politischen Morden?

Es wäre sehr seltsam, wenn sie nicht wimmelten – bei der Beliebtheit, der sich dieses Mittel zur Erledigung von Machtkämpfen seit Jahrtausenden erfreut. Alle gute Beschreibung ist realistisch.

Und doch sind diese »guten Beschreibungen« nicht, oder höchstens zeitweise, unterdrückt worden.

Wozu auch? Sie dienen ja der Volksbildung.

Wem bitte?

Nicht jener Institution, die das Gegenteil ihres Namens zum Zweck hat.

Sie sehen in mir ein Produkt jener Institution!

Daher ja meine Geduld. Ich meine, sie dienen der Bildung des Volks.

Und das inwiefern?

Da Sie, obzwar Germanistin, offenbar gelegentlich lesen, wird Ihnen aufgefallen sein, daß all die verabscheuenswürdigen politischen Morde letzten Endes zu nichts führen. Jemand murkst einen Maßgeblichen ab, wird maßgeblich, man murmelt, und schon übermorgen ist die Lage hoffnungslos wie eh. Das ziemt dem Volk zu wissen.

Hingegen vom Mord an Anna Katarina ziemte dem Volk nicht zu wissen?

Keinesfalls von Amts wegen. So flink dachten die Sachsen wohl, daß sie, belehrt, eine Bluttat habe ausnahmsweise Europa gerettet, das »ausnahmsweise« für Quatsch erklärt und tausendfach Weltrettungen per Dolch oder Mistgabel unternommen hätten, bloß weil die Braut des Nachbarn hübsche Knie oder der Dorfschulze zu viel Heu hatte, und wer sollte dann noch arbeiten? Man hätte die Ausmordung der Gegend geradesogut den Chinesen überlassen können.

Oder den tartarischen Hilfsvölkern.

Sie nähern sich meiner Betrachtungsweise.

Ich nähere mich keinen Finger breit! Ich bin allein neugierig, welche Unglaublichkeiten, die Wurzeln Ihres Texts betreffend, Sie noch vorbringen werden.

Nun, über die Schreibweise wissen wir gar nichts. Ziemlich sicher gab es mehr Strophen – von den vorhandenen ist ja keine entbehrlich.

Aha!

Ihre Haltung drückt Triumph aus?

Weil Sie sich ertappt fühlen dürfen! Das Fehlen entbehrlicher Strophen weist auf die Hand eines Professionellen.

Etwa auf meine? Gehöre ich nicht zum klassischen Flügel der Sächsischen Dichterschule? Schimpft man mich nicht Verstüftler, Wortgeizling und Realissimus, falls man in Zeiten, da jemand nur recht romantisch stottern muß, um als Genie zu gelten, mich überhaupt liest? Schon der Refrain –

»Schwarz wehn die Ulmen, grün scheint der Mond.« Eine schöne Wendung. Unaufhaltsam sieht man die Heldin auf den ihr bestimmten Nacht- und Todesort zurollen.

Schön, aber naturmalend romantisch, und mir darum nicht zuzutrauen. Wo hätte ich je Ulmen gesehen? Allenfalls im Baum-Museum. Nein, für die Schlankheit des Texts gibt es – die Berufsdichter der Handlungszeit konnten keine Balladen, später waren die Quellen weg – nur eine Erklärung: Er ist zurechtgesungen worden. Welch ideale Verumständung aber entkleidet eine volkstümliche Vorlage alles Holprigen, schlecht Merkbaren, ärgerlich Schwafelnden, so daß sie einem Kunstwerk sich mehr und mehr anähnelt?

Sie behaupten, die »Nacht am Moorbusch« zu singen –

– war verboten, ich tippe auf wüste Strafen. Haben Sie sächsische Burgen besucht? Vielleicht Kriebstein an der Zschopau, wo der arglose Gero zu Brei wurde? Und bedacht, was Ihrem blühenden Körper, vom Geist zu schweigen, widerfahren wäre, hätten Sie nur eine Nacht im dortigen Verlies zugebracht, inmitten von Ratten und ohne Abtritt? Sie schaudern?

Ich schaudere, weil Sie so beredt mich schaudern machen wollen. Weshalb verfehlten die Strafen ihr Ziel?

Ich erkenne nicht, daß sie das hätten.

Es mißlang aber, den »Engel von Freital« aus dem Gedächtnis der Lebenden zu tilgen.

Gewiß, dagegen standen kräftige Interessen.

Die Freiheitssehnsucht des Volks!

Des sächsischen? Sie stammen doch selber aus Meißen. Es mag Gebirgsvölker geben, die im Zorn über ein Raunzen ferner Obrigkeiten sich bis zum letzten Säugling hinschlachten lassen; die Sachsen, nicht wahr, sind ein Hügel- und Flachlandvolk und neigen, seit unter Karl dem Großen fünftausend ihrer Clan-Chefs geköpft wurden, zur Weltvernunft. Was verlangen die Sachsen seit dem Jahr 782? Wege ohne Löcher, gerechte, aber beschwatzbare Beamte, Obst aus eigenem oder Nachbars Garten. Dazu, freilich, abends Unterhaltung. Die Dämmerungen dehnten sich, die Kienspäne rußten, und man hatte kein Fernsehen.

So daß das Verbot im Schummer der Spinnstuben gescheitert wäre? War den sächsischen Edlen ihr Volk so fremd?

Liebe, wozu erläßt man Verbote? Doch um, in kippliger Lage, ein landesweites Einziehen der Köpfe zu bewirken, das bis zur nächsten Krise vorhält. Wegzuschaffen gingen Geburtsurkunden, Prozeßakten, Erbverträge; mancher Chronist wird beim Schein des Stubenöfchens zitternd seine Notizen ausgedünnt haben. Gegen mündliches Weiterreichen greifen Verbote schlecht, man muß sie kontrollieren. Wie? Einer Geheimpolizei entbehrten die sächsischen Edlen, für einen politischen Mord brauchten sie ein

Gipfeltreffen. Gesetzt, man warb die Ortsgeistlichen als Spitzel, mußten die immerhin vorher bimsen, wonach sie horchen sollten. Und schicklicherweise konnten sie nicht jeden Abend in den Spinnstuben hocken – sie weihten wenigstens ihre Haushälterin ein, oder den Läutejungen. Haben Sie Phantasie?

Sie wären der erste, der mich deren Mangels bezichtigte.

Ich hüte mich, Sie erröten überaus weltkundig. In tausend sächsischen Kirchsprengeln lauschen Sie demnach mehrmals pro Winterwoche folgender Sorte Dialog. EINE SPINNERIN: *summt vor sich hin.* HAUSHÄLTERIN / LÄUTEJUNGE: Was summst du da? SPINNERIN: Das. *summt.* HAUSHÄLTERIN / LÄUTEJUNGE: So, nicht etwa das? *summt.* SPINNERIN: *summt* Und was wäre dabei? HAUSHÄLTERIN / LÄUTEJUNGE: Du kämst dafür ins Verlies. SPINNERIN: Wie? für die paar Töne? HAUSHÄLTERIN / LÄUTEJUNGE: Nicht für die, sondern für die Worte, die dazugehören. ALLE SPINNERINNEN: Hoi! Was für Worte? Sag sie uns, damit wir sie keinesfalls singen, wir wollen nicht ins Verlies, wir haben Familie! HAUSHÄLTERIN / LÄUTEJUNGE: Ich schweige wie das Grab, aber für euch: Es dürfen keine Ulmen vorkommen, vor allem nicht neben einem Moorbusch. Ferner, keine Chinesen. Besonders verboten ist die siebenspännige Kutsche sowie ein schwarzhaariger Degen namens Chuanz, genannt der Springstier ... usf.

Ein reizender sich selbst verschlingender Mechanismus, der Philosoph Hegel würde sich bedankt haben.

Weiß man, welche Sächsinnen ihn auf die Sprünge der Dialektik brachten? Rechnen Sie zu allem die Rückkopplung in Ehebetten, Heuschobern, Beichtstühlen. Ganz Sachsen dürfte ein einziges Summen gewesen sein.

Das eines Morgens an Ihr Ohr drang?

Leicht, hätte die Sachsen nicht irgendwann anderes beschäftigt. Bauernschlachtereien, Kriege, Preußen, die Industrie, Ulbricht. Aber Sie haben den Finger auf dem Punkt.

Ich sehe meine Finger, keinen Punkt.

Wie auch? Punkte sind gedachte Stellen in Raum und Zeit. Ihr Finger zeigt auf die Lücken in der Ballade.

???

Eine Ballade, ihrer Regel gemäß, versammelt die aufregenden Stellen eines Daseins, auf daß wir die Mühlen der Geschichte mahlen hören, ehe man uns die Ohren abschneidet. Was sie wegläßt, ist der Alltag dazwischen.

Der Alltag einer frühen Emanzipierten!

Einer Jahrhundertschönheit, die mit dreizehn den Bischof von Meißen zu öffentlicher Gotteslästerung hinriß, bald darauf ihre Unschuld an einen Sproß des Papstes verlor, den schwule Mönche sogleich abstachen, und deren Ruf in der Heimat, dann in der Fremde wuchs, bis erdumspannende Wirtschaftsinteressen berührt waren. Nur rollten die Schneebälle des Ruhms damals langsam – der freitaler Dorfschmied wird kaum in die Türkei gereist sein, um dem Sultan von einer hübschen Blonden zu erzählen, und wenn, wäre er nie vorgelassen worden. Ruhm war, anders als heute, an die besseren Kreise gebunden, und in die mußte Anna Katarina erst einmal hinein.

Woher wissen Sie, daß sie blond war?

Kein Sachse glaubt an fuchsrote Engel, die Schilderung der Augen – »hellbraun und wildfremd« – bezeugt aber einen sinneverwirrenden Kontrast, so daß auch braunes

oder schwarzes Haar ausscheiden. Das nächste Indiz
zögere ich zu nennen. Sie selber sind blond, und hielten
Sie nicht die Lider gesenkt –

Dieses Gespräch dient allein der Wissenschaft!!!

Die immer eine Handbreit tiefer langt als dem Zeitgeist
träumt. Wie viele Sommer verstrichen denn vom Morgen-
ritt Rutberts bis zum Ausschwärmen der siebenzehn Pelzhändler (die Zahl scheint dem Versmaß geschuldet, es
mögen ein paar weniger gewesen sein)? Und wie alt
wurde unsere Heldin?

Sie starb in der Blüte ihrer Schönheit.

Verblüht mußte sie nicht beseitigt werden. Der Text
meldet indes keinen »frühen Tod«, und halb Sachsen ging
so schnell nicht zu ruinieren. Billigen wir ihr neunund-
zwanzig Jahre Erdenwandels zu?

Probeweise.

Auf fünfzehn nach der Entjungferung verbleibende Jahre
entfielen dann eine Brautschaft und drei Liaisons.
Zwischendurch sollte die Schöne unter einem Dach ge-
wohnt haben, das etwas körperpflegerische Bequemlich-
keit bot? Schließlich war sie keine Hure; das Volk, übri-
gens, liebt keine Huren, selbst wenn es sie gern umarmte,
singt es nicht von ihnen. Schmerzt es Sie, den »Engel von
Freital« verheiratet zu denken?

Gar mit Rutbert von Oschatz, dem Augenausstecher!

Der Mann war liebestüchtig, von bestem Adel und hielt,
bei sechs Kemenaten, wohl seine Felder in Ordnung;
Annkätchens Eltern hatten ihr Goldkind schon für den
meißner Kirchgang schamlos herausgeputzt und den

Papstsohn im Grab – sie werden zähe gekuppelt haben.
Ob die Lustfräulein bloß eine Drohung (»Erwische ich
euch nach dem Morgenmelken, füttere ich eure blöden
blauen Augen den Fischen«) später auf Jahrmärkten als
vollzogen beklagten, weiß niemand; geschah die Tat,
reichte ein Wort unter Erwachsenen (»Mein wildes Vor-
leben – ich habe ein Zeichen der Reue gesetzt, das mir die
Lippen versiegelt, fragen Sie meinen Verwalter, dessen
Geiz ich diese Brillantohrringe entriß« usw.). Naheliegt so
eine Ehe bis zu Rutberts natürlichem Tod durch Krank-
heit oder Kreuzzug, worauf die leipziger Jungbourgeoisie
anrückte und – die Schnösel kamen historisch zu früh –
abgewiesen wurde, ferner eine mit jenem Lokaladligen,
der am Zschopauufer – zu spät für Gero, rechtzeitig für
die Braut – den trunkenen Massen entgegentrat, infolge
beginnenden Weltruhms schluckten dem bald reiche
Ausländer das Bier weg. Nun, und benutzte man damals
empfängnisverhütende Mittel?

*Wohl so wenig, wie Sie mit Schlüssen, die Sie aus Lücken
ziehen wie die alten Griechen Maden aus gärenden Misthau-
fen, mich vom springenden Punkt locken! Auf welche Weise er-
fuhren Sie vom Text, oder von dessen Vorform?*

Sie sind nie in der Landschaft um Freital gewandert? Es
gibt da Stollen, unterirdische Gänge, von einstigem Silber-
bergbau. Man soll nicht hinein, aber man kann, für Kun-
dige ist es wenig gefährlich.

Und in ein solches Loch sind Sie eines schönen Tages –

Eines trüben. Das schauerliche Wetter entsprach meiner
Gemütsverfassung.

Sie gingen nicht allein?

Allein hätte ich weder Ein- noch Ausstieg gefunden.

Und Ihre Begleiterin –

Ja?

– war blond und hatte hellbraune wildfremde Augen?

Hellbraune und wildfremde.

Und sang Ihnen die »Nacht am Moorbusch« vor? Mit großem Orchester?

Ich bitte Sie. Ein sächsisches Sinfonieorchester, das in Höhlen herumkröche, samt Kontrabässen und Wagner-Tuba! Nein, sie bediente sich einer urtümlichen Schoß-Laute, das Ding wiegt kaum etwas und klingt durchaus frisch, der Feuchtigkeit halber mußte sie es öfter nachstimmen. Ich stocke; entdecke ich Tränen auf Ihren Wangen?

Herr Kirsch! Was immer gegen Ihre Verse vorzutragen wäre – der Mode, bei jedem Knirschen der Weltläufte in die nächste Kirche zu flüchten, haben Sie sich immer verweigert. Des lieben Gottes, erklärten Sie, bedürften Sie nicht, auch wenn man ihm Marxens Bart umbände; wessen bedürfen Sie? Eines Gespensts! Ein Gespenst, man möchte heulen wie ein Schloßhund, hat Ihnen die Ballade von Anna Katarina eingehaucht!

Ich bin untröstlich, Sie betrübt zu haben. Es handelte sich um kein Gespenst.

Um eine Fee dann wohl?

Um die Gitarrenlehrerin meiner Tochter. Ich schätze Zupfinstrumente gering, indes was tut man nicht für sein Kind, wenn es ein paar Harmonien zu üben sich bereitfindet; ich warb die beste Kraft der Hauptstadt, ein junges Genie, Studentin damals und heute jahraus, jahrein auf Konzertweltreisen.

Ein Genie, und schön?

So, daß man, wurde man ihrer ansichtig, sich den Arm kniff, um sicherzugehen, man träume nicht. Man träumte nicht, man hatte blaue Flecken.

Sie verliebten sich?

Wenn Sie es derart milde ausdrücken wollen.

Und Ihre Leidenschaft wurde erwidert?

Nicht im mindesten, ich war ihr zu alt. Gleichwohl ließ sie mich eine Weile hoffen, ich besuchte sie sogar in Freital, ihrem Geburtsort, bei widerwärtigstem Wetter, es pladderte wie aus Eimern. Wohin, da sie in kein Bett wollte, hätten wir gehen sollen als in jenen Hügel? Sei es um mich aufzuheitern, sei es aus jäher Gewissensregung, trug sie mir dort die Ballade vor.

Zuzüglich der dreizehn Lieder!

Die sind in einem Ton, wie er den Sachsen gefallen haben mag, nachdem sie Anna Katarina vergaßen, und stehen in meinen ungedruckten Theaterstücken. Woher sollte die Dame sie kennen?

Sie nehmen mich für ein albernes Geschöpf?

Ich wäre dazu außerstande.

Und wälzen doch die Quellenfrage auf eine fremde lebende Person! Wie nun kam die an die Ballade?

Sie unterbrachen mich vorhin – gelegentlich der empfängnishindernden Mittel, die zur Handlungszeit fehlten.

Ich fand in der Bemerkung keinen Ernst.

Allein die Menge meiner Feinde beweist, wie selten ich unernst rede. Wollen wir uns endlich gestehen, daß Anna Katarina Kinder hatte? Wenigstens zwei mit Rutbert, eins mit ihrem Retter aus dem Zschopauschlamassel? Daß ferner die Familien nach dem Dolchstoß am Moorbusch sich dieser Kinder erbarmten? Und ihnen ihr Verflochtensein in die sächsischen und Weltgeschicke nicht vorenthielten? Sondern es als je älteres, desto tieferes Sippengeheimnis noch weiterreichten, als Schweigen längst nicht mehr erfordert, Offenlegung aber infolge der abhandenen Quellen nur Gelächter hervorzurufen geeignet war; weiterreichten wie? Eben indem sie den jeweils Nachgeborenen von der Wiege an die Ballade einbläuten, vorsächselten und -schmetterten, so daß über die Jahrhunderte eine uns anheimelnde, zum Teil hochromantisch-expressive Textgestalt sich herausfilterte. Die Familien, wenden Sie ein, könnten irgendwann ausgestorben sein. Woher dann die statistisch ungeheure Zahl schöner Sächsinnen, die zeitweise so gehäuft auftraten, daß August der Starke, der es doch besser wußte, verbreiten ließ, sie wüchsen auf Bäumen? Inzwischen haben Industriequalm und Abwanderung das ihrige zur Verminderung getan, trotzdem gibt es noch immer Exemplare –

Abkömmlinge, wollen Sie sagen? Wie jene Gitarrenklimperin?

Sie ist eine Virtuosin.

Geschickt im Klimpern vielleicht, und jedenfalls undankbar. Hätte sie nicht, da ihr Sie begegneten, der nach Äonen Geheimniskrämerei den Sachsen eine Heldin wiederzuschenken Mut, Kunstsinn und Verlegerfreunde besaß ... Sie hätte, immerhin, wenn schon nicht aus Neigung, so aus Heimatverbundenheit –

Urteilen wir sachter. Sie ist ja nicht der einzig lebendige Nachweis der Wahrheit der Ballade.

Nicht?

Vermute ich, seit Sie ins Zimmer traten. Mittlerweile, da Sie die Augen zu mir aufschlagen –

Sie sind hellbraun, allerdings. Doch nicht wildfremd.

Das Wort »wildfremd« meint, neben einem Nicht-Zuhausesein in der Welt, wohl einen lebenslang ungestillten Durst auf diese, wir haben füglich zu zweifeln, ob Anna Katarina je glücklich war. Inwieweit ihre späte Nachfahrin –

Sie sprechen von mir?

Es ist ja niemand hier außer Ihnen.

So daß ich, stellvertretend für meine Ahnin, eine gewisse Pflicht –

Lassen wir, obzwar in Preußen, die Pflicht am Arbeitstisch. Freilich, ich würde Sie liebend gern küssen.

Dagegen gälte kein Zieren, müßten Sie nicht glauben, allein Ihr Genie bewöge mich... Oder etwa Eifersucht auf jene Saitenzupferin, die in einem Silberstollen... einem Venushügel... Wir in Meißen haben derlei nicht, wir haben Weinberge... Und ich empfinde eine solche Schwäche, daß ich nicht einmal den Knopf meiner Bluse... Nun stehen Sie mir doch bei! Es gibt, ach, Dinge in der Welt, die so unaussprechlich...

Zwölf Gedichte für Kinder

Die flandrischen Flundern

In Flandern lebten zwei Flundern,
Die mußten sich jeden Tag wundern.
Sie sprachen eine zur andern:
Wir sind ja zwei Flundern in Flandern!
Dann schwammen sie platt auf den Meeresgrund
Und sangen zwei Stunden lang
Den hochberühmten Gesang:
Wundern hält Flundern in Flandern gesund.

Vom Uhu

Es war einmal ein Uhu,
Der band sich seinen Schuh zu;
Da konnt er seinen Zeh nicht sehn
Und wollte lieber barfuß gehn.
Er stob davon im schnellen Lauf
Und fraß zur Nacht acht Mäuse auf.

Eins, zwei, drei.
Da war nichts dabei.
Vier, fünf, sechs.
In den Schnabel stecks.
Sieben, sieben, sieben.
Da mußte er schon schieben.
Ach. Ach. Acht.
Das war eine schwere Nacht.

Die Wanderratte

Es war einmal eine Wanderratte,
Die keine Lust zum Wandern hatte.
Sie setzte sich zur Ruhe
In einer alten Truhe.
Was war in der Truhe?
Dreizehn alte Schuhe.
Die fraß sie einen nach dem andern,
Dann dachte sie nach,
Und sagte: Ach!
Und ging auf die Autobahn wandern.

Die sächsischen Hexen

In Sachsen lebten zwei Hexen,
Die zauberten mit Gewächsen.

Sie sagten den Rüben: Ihr müßt wachsen,
Sonst denkt man, es gibt keine Hexen in Sachsen!

Sie besprachen die Rosen: Ihr müßt wuchern,
Sonst sollt ihr den Fluch aus dem Hexen-Buch hörn!

Sie behexten sogar das Löwenmaul,
Denn sächsische Hexen sind niemals faul.

Die Rüben wuchsen wie Elefanten,
Da dachten die Bauern, es wären Tanten

Und schrieben: Kommt uns besuchen
Nachmittags zu Kaffee und Kuchen

Oder am Abend zum Bier.
Doch die Rüben paßten nicht durch die Tür.

Und die rosa Rosen?
Die kauften lange Hosen.

Dem Löwenmaul wuchs ein Löwenrachen,
Die Feuerwehr mußte es nachts bewachen,

Und brannte das Spritzenhaus, war es ein Spaß,
Denn die Hexen löschten mit Elb-Sumpf-Gras.

Und die Maiglöckchen, die wie wild läuten?
Die Zwiebeln mit vierzehn Häuten?

Das bocksfüßige Scharbockskraut, wo kamen die her?
Wer denken kann, denkt, und hat es nicht schwer:

Das waren die sächsischen Hexen,
Die zauberten mit Gewächsen;

Wo sie jetzt sind?
Das weiß jedes Kind:

Zwei Sachsen nahmen die Hexen zur Frau,
Doch was sie jetzt hexen, weiß niemand genau.

Katrinchen

Katrinchen hatte einen Knopf,
Der sah früh aus wie ein Kopf
Und mittags wie ein Papagei
Und abends wie ein Osterei.

Das rote Mützchen

Wenn ich mein rotes Mützchen hab,
Und du dein Portemonnaie,
Dann gehn wir beide in die Stadt
Und kaufen uns den Schnee.

Eh-ja.
Eh-ja.
Und ein weißes Zauberpferd.

Das Pferd, das reitet in den Wind,
Der Schnee fliegt hinterher.
Wir blasen unser Mützchen auf
Und segeln bis ans Meer.

Eh-ja.
Eh-ja.
Und dann bis nach Afrika.

Dort fang´n wir einen Tiger ein
Und auch ein weißes Lamm.
Der Tiger kriegt ein grünes Band,
Das Lamm kriegt einen Kamm.

Eh-ja.
Eh-ja.
Und ein Schlückchen Kokosmilch.

Der Tiger springt, das Lämmchen winkt
Und ruft uns den Delphin;
Der trägt uns übers graue Meer
Bis kurz vor Frankreich hin.

Eh-ja.
Eh-ja.
Nach der Insel Muschelgrün.

Dort essen wir zwei Käse auf
Und trinken rosa Wein.
Dann kommt das weiße Zauberpferd
Und trägt uns wieder heim.

Eh-ja.
Eh-ja.
Und mein rotes Mützchen mit.

Vom Wind

Der Wind ist aus Luft.
Er kommt nicht, wenn man ruft.

Er fährt durch die Eichen.
Er heult über den Teichen.

Er geigt auf den Drähten.
Er bläst Rauch aus den Städten.

Er jault auf Turmstiegen.
Er bringt Dächer zum Fliegen.

Nachts faucht er durch Ritzen.
Er kühlt uns, wenn wir schwitzen.

Er schleppt Wolken in Wüsten.
Schiffe wirft er an Küsten.

Er legt sich vor Gewittern
Und läßt Stahlmasten zittern.

Hinterm Meer kann er toben;
Unten macht er zu oben.

Er geht sanft durch Maiwiesen.
Wird er scharf, muß man niesen.

Er weht über die Heide
Und bestäubt das Getreide.

Er säuselt in Herbstzweigen.
Er hilft Drachen beim Steigen.

Der Storch Langbein

»Der Storch Langbein
Soll vom Nebel krank sein.«

»Gestern hat er noch gejagt.«
»Vorgestern hat er gesagt,

Er zieht fort nach Afrika!«
Heute ist er nicht mehr da.

Langbein sieht von oben Möwen,
Dann das Meer, dann gelbe Löwen.

Und gleich speist er voll Verlangen
Zwei afrikanische Schlangen.

Zebras grasen, Geier kreisen,
Langbein denkt: »Wie gut tut reisen!«

Und hält Rast bei sieben Affen,
Einem Nashorn, drei Giraffen,

Doch zur Nacht ist er allein.
»Wäre eine Störchin mein!«,

Klappert er, und Stück für Stück
Fliegt er stracks den Weg zurück.

Bauer Markus aus Kleinplessen
Pflügt die Felder unterdessen,

Amseln flöten Frühlingslieder,
Alles fragt: »Kommt Langbein wieder?«

Und da ist er, tanzt und schaut
Aus nach einer Storchenbraut,

Die einherschwebt, weiß und schön!
Stehst du früh auf, kannst du sehn

Beide durch die Wiese waten,
Frosch und Maus und Lurch zum Schaden;

Und Herrn Markus über Nacht
Haben sie ein Kind gebracht.

Verkehrte Welt

Heute ist verkehrte Welt.
In den Kühlschrank kommt das Geld,

Und ins Portemonnaie der Fisch.
Auf dem Pudding steht der Tisch.

Durch die Autos fahren Straßen,
Man riecht mit dem Ohr und hört mit den Nasen,

Wo die Sonne scheint, ist Nacht,
Der Briefträger wird von der Post gebracht.

Im Rettich liegen siebzehn Kisten,
Das Cello spielt auf dem Cellisten,

Vier Stühle hat ein gedrechseltes Bein,
Der Hund rennt durchs Haus in die Tür hinein,

Die Frösche miauen, die Katzen quaken,
Der Schmied hämmert Würste, der Fleischer kocht
    Haken,

Die Gänse sind mager, die Hummeln sind fett,
Die Kinder bringen die Eltern ins Bett.

Vom Räuberchen, dem Rock und dem Ziegenbock

Es war einmal ein Räuberchen,
Das stahl sich einen Rock.
Den Rock, den spießte auf sein Horn
Ein dürrer Ziegenbock.

Räuber, Räuber, Ziegenbock.

Der Ziegenbock sprang mit dem Rock
Und zog ihn in ein Heu.
Dort schleppten ihn zwei Hasen fort,
Da war er nicht mehr neu.

Räuber, Räuber, Ziegenbock.
Ziegenbock und Hasen fort.

Ein Jäger zielte scharf und schoß
Krach bumm! aus dem Versteck.
Der Rock mit Löchern lag im Gras,
Die Hasen waren weg.

Räuber, Räuber, Ziegenbock.
Ziegenbock und Hasen fort.
Hasen fort und Loch im Rock.

Der Jäger riß sich Bart und Haar
Und ging in seinen Wald.
Das Räuberchen trat aus dem Busch
Und sagte: Jäger, halt!

Räuber, Räuber, Ziegenbock.
Ziegenbock und Hasen fort.
Hasen fort und Loch im Rock.
Loch im Rock und Jäger, halt!

Der Jäger wurde blaß wie Eis
Und fiel ins braune Moos.
Das Räuberchen besah den Rock
Und ging zur Nacht noch los.

Räuber, Räuber, Ziegenbock.
Ziegenbock und Hasen fort.
Hasen fort und Loch im Rock.
Loch im Rock und Jäger, halt!
Jäger, halt! und Nacht im Wald.

Es ging am nächsten finstern Ort
Zu einem Schneider hin
Und sagte: Flick die Löcher, hopp!,
Ich brauch was anzuziehn.

Räuber, Räuber, Ziegenbock.
Ziegenbock und Hasen fort.
Hasen fort und Loch im Rock.
Loch im Rock und Jäger, halt!
Jäger, halt! und Nacht im Wald.
Nacht im Wald und Schneider, hopp!

Und wenn es Winter wird und schneit
Kannst tief im Wald du sehn
Das Räuberchen im warmen Rock
Auf kalten Wegen gehn.

Vers mit gutem Ausgang

Eins, zwei, drei,
Es war ein Spiegelei,
Das sprang aus der Pfanne
Über die Kanne
Über die Katze
Und die Matratze
Durchs Fenster auf den Wiesenrain.
Die Mutter fing es wieder ein.

Fürsorglich

Im Winter, im Winter
Denken die Räuber an die Kinder.
Sie nähen ihnen Mützen
Aus Pelz mit bunten Litzen.

Editorische Notiz

Die Anordnung der Gedichte folgt den Bänden *Ausflug machen*, Hinstorff Verlag Rostock 1980, *Kunst in Mark Brandenburg*, Hinstorff 1988, *Petrarca hat Malven im Garten und beschweigt die Welträtsel*, Verlag Die Quetsche Witzwort 2002; hinzugekommen und chronologisch eingeordnet sind die seinerzeit aus Zensurgründen ausgesonderten Gedichte »Würdigung« und »Kindsmarauli«, sowie die Gedichte »Nux rerum impatiens« und »Trochäisch«. »Ich-Soll 1991«, bisher nur in Anthologien erschienen, war eine Auftragsarbeit für den Hessischen Rundfunk.

»Kleine Herbstmotette«, hier erstmals gedruckt, entstand für Deutschlandradio Berlin, die vorgesehene Vertonung kam aus Kostengründen nicht zustande. Von den *Adressen an Jubilare* sind die für Hans Marquardt, Günter Grass, Friedrich Schenker und Peter Hacks in Festschriften, die für Klaus Wagenbach und Walter Jens bisher nirgends veröffentlicht.

Die Anordnung der Lieder in *Reglindis* folgt dem 1979 beim Eulenspiegel Verlag Berlin erschienenen gleichnamigen, von Ruth Mossner illustrierten Buch, dem auch eine Schallplatte beigegeben war; die Texte »Lied der Kinder« und »Zueignung« sind weggelassen, da sie schon in *Ausflug machen* stehen. *Anna Katarina oder Die Nacht am Moorbusch* bietet den unveränderten Text des 1991 bei Hinstorff gedruckten, von Renate Totzke-Israel illustrierten gleichnamigen Buchs.

Von den *Zwölf Gedichten für Kinder* sind fünf als Kinderbuch erschienen, nämlich *Wenn ich mein rotes Mützchen hab*, illustriert von Wolfgang Würfel, Kinderbuchverlag Berlin 1974, *Vom Räuberchen, dem Rock und dem Ziegenbock*, illustriert von Hans Ticha, Kinderbuchverlag 1978, *Heute ist verkehrte Welt*, illustriert von Hans Ticha, Verlag Junge Welt Berlin 1983, *Der Wind ist aus Luft*, illustriert von Carl Hoffmann, Kinderbuchverlag 1984, *Der Storch Langbein*, illustriert von Marianne Schäfer, Verlag Junge Welt 1986. Die Gedichte »Katrinchen«, »Vers mit gutem Ausgang« und »Fürsorglich« sind, jeweils ohne Überschrift, erstmals in *Es war ein Hahn*, illustriert von Elizabeth Shaw, Kinderbuchverlag 1973 veröffentlicht.

Alphabetisches Verzeichnis der Gedichttitel und -anfänge

Titel sind jeweils gerade, Anfangszeilen kursiv gesetzt

2005 11
Aber die Frau steht breit in den Wänden aus Glas 33
Aber die Kartoffeln 149
Ach, meine grünen Schwestern 192
Ahorn 212
Ahorn, mein eiskalter, du mein abgefallner 212
Alle werden von unseren Äpfeln essen? 13
Alle Raketen sollen um Mitternacht auslaufen 61
Alltags, sonntags darfst du fragen 218
Als die Gehörgeschädigten merkwürdig späte beschlossen 117
Als ein Sturm ins Städtchen kam 191
Als ich jung war, saß ich viel .. 184
Alte Kisten 9
Alte Kisten stehn vor meinem Fenster 9
An des tyrrhenischen Meeres linkem Strande 85
Anstandslos warf sie das Kleid 114
Analyst Sir W. wirft zwei Klimmer von der Verandatreppe .. 139
Anderes Morgenlied des Soldaten 164
Anna Katarina oder Die Nacht am Moorbusch 214
Anna Katarina, der Engel von Freital 215
Arbeit ist Arbeit. Am Sewán der Himmel ist grün 22
Auch die Beamten, hör ich, sind nicht froh 43
Auf 25
Auf dem Haupte aber gehen kann im Herbst 150

Auf Georg Maurer 40
Aufbruchslied des Soldaten . 171
Aufleuchtet, schreibt der Dichter, unser Herz 32
Aufschub 37
Aufwachend, ich war Mitte dreißig, neben ihr 134
Aufzeichnung 38
Aus Gnade, les ich, blieb ich ungemordet 131
Ausflug machen 10
Äußerste Vorsicht, rät K., bewahr, siehst du einen Tornister 56
Aussicht 46
Auszog das Fürchten zu lernen 19
»B. schreibt jetzt über das Wetter.« 79
Ballade 27
Ballade an seine Geliebte ... 211
Ballade von den einundzwanzig Räubern 175
Begräbnis des Vaters 67
Bei den Wasserlinsen 226
Bei Wagenbach, bei Wagenbach 155
Bescheid zu Vor- und Vorvorigem 105
Beug dich mir näher, wenn die Tauben kommen 41
Bewältigers Morgengebet .. 140
Blumen blühen auf dem Feld .. 190
Bring deinem Kind nur bei 7
Bum! Bum! Bum! Bum! 185
Bürgerrechtler bilingual 144
Canzone CCXCIII 87
Canzone LXVII 85
Canzone XCIV 86
Canzone XXXIV 84
Chorisches Lied 118
Claudine oder Die Weltläufte 99

271

Cyranos Fechtballade 208	Der Untergang 70
Damit wir später reden können, schweigen wir 37	*Der Wind entrollt sich wie ein Ankertau* 34
»Da es so ist, das Unabänderliche ...« 70	Der Wind ist aus Luft 259
	Derlei Taggäste sind mir grade lieb 139
Das Abendessen 137	
Das Fenster 119	*Des Abends Helle* 230
Das Fischerboot 206	*Dialogisches Distichen-Septett* 153
Das Herz in Sicherheit, wo? in den Hosen 100	
	Die alte Oma Löffelholz 231
Das ist Herr Brosch, Sportsmann, auf einem Pferd 66	Die Dialektik 116
	Die Erd ist rund 172
Das rote Mützchen 257	Die flandrischen Flundern .. 251
Das sind die Gascogner Kadetten 210	*Die Hände, manchmal, darf man gar nicht brauchen.* 133
Das sind die Wege. Dieser führt zum Friedhof 29	*Die kalten Tage. Wenn es abends heult* 67
Das Volk sagt: eine Kugel schieben 38	*Die Kinder, zu Nichtstuns Freiheit* 120
Daß du mir immer hübsch die Beine breitmachst 132	Die sächsischen Hexen 254
	Die Schäferin 203
Daß Einer um sich blickt, gilt als vom Übel 145	*Die sicherste Lösung* 156
	Die Tangentialen 109
Daß ich flöte, und bei Tag 228	*Die Teller mit gemalten Zwiebeln, tiefe* 44
Daß, wo man hintritt, nichts als Lügen gelten 119	*Die uns gönnten, waren meistens wenig* 146
Dem Waffenlosen 73	
Den heißt man Renegat, der ernst verneint 138	Die Wanderratte 253
	Die wechseln Hüte schneller als du denkst 130
Der Birken schweres Laubgehänge 115	Die Zerreißung 112
Der Dichter Maurer ist tot. Groß, mit zerwehtem Haar 40	Die Zunge 68
	Die Zwei Götter im Ochsen . 135
Der Herr des Hundes ist der Herr, weil er 72	Distichon und Nachhak 157
	Dom Pjotr 143
Der Küster nackt im Laken: weißes Leinen 19	*Drei Nachwende-Xenien* ... 144
	Drei Soziologen, forschend über Witze 60
Der Odendichter H. Czechowski, welcher 50	
	Dreizehn sanfte Lieder aus dem Sächsischen 218
Der Pöbel 117	
Der Regisseur Saura 48	*Dunkle Violen* 221
Der Storch Langbein 260	*Eben war er noch sechzig, da sind schon fünf Jahre vorüber* ... 154
Der Tag schießt los 164	
Der Tausch 106	*Eine Maus rückt aus ins Feld* .. 165
Der Tod: was war, wird nicht sein ... 46	*Einer hebt einen auf. Oder hat ihn* 18

Einigen Vätern 7
Eins, eins, eins 182
Eins, eins, zwei 183
Eins, zwei, drei 265
Empfang in meiner Heimatstadt 14
Ende der Geschichte 145
Er fiel sehr tief, jetzt wird sein Leib gegossen 69
Erklärung zu Vorigem 104
Ernste Mahnung 75 50
Erstes Trinklied 201
Es ist ihr sie weiß nicht wie sie sieht tags überm Schnee 98
Es war ein Hahn, es war ein Hahn 181
Es war ein Schäfermädchen ... 203
Es war eine Kartoffel 180
Es war einmal ein Räuberchen 263
Es war einmal ein Uhu 252
Es war einmal eine Wanderratte 253
Es wird erzählt 106
Etüde 93
Fährt ein kleines Fischerboot .. 206
Fällt der Morgen wie ein Beil .. 224
Fand ich mir ein kleines Glück . 186
Fang ich einen Blick von dir ... 196
Fast Food Country 113
Form, klar, ist volksfern, hochnot Inhalt, und der flute wirksam 104
»Freund, sei vernünftig.« »Wie? Soll ich im neuen System nackicht Luft kaun? ...« 144
Fünf Distichen 56
Fürsorglich 266
G. folgend 111
Gabrielchen, Kapriölchen 101
Gagra abends 28
Gedächtnis Mandelstams 62
Gefragt nach dem Energievorrat des Planeten 54
Geh wandern, Soldat, dein Rock ist zu rauh 171
Gemischtes Quartett mit freischweifenden Alt-Vokalisen . 149
Geräusche 30
Gesehen, gehört 77
Geselliges Lied 221
Gespräch 13
Glaubte ich, Tod befreit und ließe rasten 84
Glockenblumen 80
»Glockenblumen, einer Früh die Sonne ...« 80
Glückliche Fügung 96
Goldmaries Lied 222
Gott schuf das Schwein, schreibt ein Kollege, das 68
Gott, sagt Pascal, verbirgt sich. Nicht nur daß 64
Groß in Gesängen rühmten die Alten den Schaffer Prometheus 83
Grün ist das Meer bei Pizunda, manchmal 39
Grün ist der Rhabarberstrauch 179
Grüne Rose, rote Rose 173
Gut sind, ach ich weiß, Theorien; ein Glück des Metiers ist 56
Hasenkanon 231
Herr und Hund 72
Heute ist verkehrte Welt 262
Hintäuscht Vrfssr. Unkunst 105
Hinterm Brombeerstrauch .. 220
Hinterm Wäldchen 205
Homo habilis novus 100
Hörst du zum Kampf die Schlachtfanfare blasen 53
Hu, auf zu den Sternen! 52
Hübsche Claudine, mußt du bei mir weinen? 99
Hymne der Bum-bumer ... 187
Ich hielt die kleine Jeanne 200
Ich huste, wenn ich huste, meistens jambisch 129
Ich soll es zugeben 122
Ich weiß, was ich so weiß, oft ziemlich ungern 141
Ich-Soll 1991 122
Ihren Gürtel fand ich 219
Im Maß Petrarcas 90

273

Im Stil Tu Fus 71
Im Ton Mandelstams 81
Im Winter, im Winter 266
Imperialistenlogik 42
In den Dämmerungen 88
In den Hallen, in den Klausen . 111
*In der Kreisstadt Werneuchen
ist das soziale Bewußtsein
entwickelt* 59
*In Flandern lebten zwei
Flundern* 251
In Niflheim tanzen die Nornen . 223
In Sachsen lebten zwei Hexen .. 254
*»Insgeheim und im Dunkeln
doch löckten sie wider den
Stachel.«* 144
Internet inside 144
*Ja hätt ich nicht geküßt, wie ich
geküßt hab* 140
*Ja schöne Zeit, da man noch
wünschen kann* 61
*Ja, manchmal muß man sich ins
Messer werfen* 62
*Jossifs Lieblingswein. Man kriegt
ihn für zwei siebzig* 57
Katrinchen 256
Katrinchen hatte einen Knopf .. 256
Kaum befreit, kaum befreit 195
Kindsmarauli 57
*Kühl der Sommer, Äste falln von
Bäumen* 71
Kunst in Mark Brandenburg . 91
*Kunst ist nicht schlecht. Gibts
sonst im Lande wenig* 53
La Follia oder Die Vokale
bleiben am Ende 159
Lag ein Messer jung und scharf 166
Lage am See 98
*Lauf, Brüderchen. Dir selbst
rennst du nicht weg* 167
*Lavendel wächst im Franken-
land* 229
Lehre Pascals 64
Lenin 1918 34
Lied allein 219
Lied auf einer Wiese 197
Lied beim Gänsehüten 224
Lied der Frau 174
Lied der Gascogner Kadetten 210
Lied der gepanzerten
Wächter 194
Lied der Hexe 166
Lied der Kinder 52
Lied der Prinzessin 170
Lied der Wächter im Land
Bum-bum 185
Lied des Bettlers 186
Lied des Dichters 177
Lied des Hofgelehrten 184
Lied des jungen Paars 196
Lied des Landstreichers von
den zweiundzwanzig
Bäckerinnen 169
Lied des Landstreichers beim
Trinken 172
Lied des Landstreichers von
der Maus 165
Lied des Malers 230
Lied des Monsieur Jourdain 200
Lied des Musikanten 191
Lied des Pfarrers vor Mittag 168
Lied des Spielmanns an die
Lärchen 192
Lied des Spions 189
Lied dreier Heerhaufen 223
Lied nach der Bewirtung ... 229
Lied vom Hutkaufen 179
Lied von der Kartoffel 180
Lied von Zwölfklangs
Freunden 195
Lied zu Johannis 225
Lieder aus anderen
Sprachen 199
Lieder für Kinder 178
Lieder von Personen aus
Stücken 162
Lieg ich spät im kalten Bett 174
*Lila ein Schwein saß still auf
einem Baum* 28
Luft zu Kunst voll Fauneslaune 158
Luxushotelbrand Saragossa
1979 78

*»Markiges ist ihm ein Greuel,
 auch ist er kein Wärter; wie
 paßt dann ...«* 153
Mathematisch 89
Meg Merrilies 207
*Mein Bum-bum, in Stahl und
 Eisen* 187
Mein Mann hat einen Honigbär ....
 173
*Mein Tag? Wie eh. Das Alter,
 noch, es drückt nicht* 127
*Meine Freundin ist tot, die
 zärtliche* 92
Meinen Filzhut werf ich ab 208
*Meinen Freund Kostja haben sie
 erschlagen* 94
*Meinen Freunden, den alten
 Genossen* 12
Memorial 94
*Merkbare Sätze, hör ich, sind
 vonnöten* 108
*Mit Teppichen sind die Bahnsteige
 belegt* 14
*Mitten im Diesseits treibts Jens seit sie-
 benzig Jahren* 157
*Mond, mein Freund, auf meiner
 Haut* 170
Morgenlied des Soldaten
 (Reglindis) 163
Morgens lag im Tau das Feld .. 188
Na, wohin gehts? 10
Nachspruch 154
Nebel 92
Negentropie 88
*Nicht ist die Welt uns zum Trost.
 Und das, heu? soll Volkern nicht
 trösten?* 142
*Nicht mehr, nicht weniger, als was
 an Schnee hier* 30
Nicht zu gutmütig werden 55
*Noch fahr ich. Und wohin? Die
 große Landschaft* 81
Nonsens-Verse 69
Notiz zu Chile 48
Nux rerum impatiens 101
O Leben ohne Himmel 189
Öde ist, was tun 113
Ökonomie 103
Old Meg war ne Zigeunerin ... 207
Orangen, Pomeranzen 197
*P. der bekannte Porträtland-
 schafter* 91
Pacas Lied für die Puppe ... 193
*Pappeln, die hohen Bäume, vom
 Grundstück* 77
*Peter, in Leipzig! mitnichten bedarf
 er bekuppelten Marmors* 143
Petrarca auf dem Weg ins
 Exil 128
Petrarca hat Malven im
 Garten, und beschweigt die
 Welträtsel 133
Petrarca lobt sein Mönchs-
 habit 130
Petrarca mürrisch 141
Petrarca, am Schreibtisch,
 sonettiert seiner Gespielin 132
Petrarca, auf dem Weg über
 die Alpen, bedenkt seinen
 Husten 129
Petrarca, nach Lektüre der
 Journale, braucht einen
 Kompaß 131
Petzow I oder Die Rücksicht 115
Petzow II 120
Pfänderlied zu Neujahr 227
*Phyllis, deinen kleinen Finger,
 daß beginnt das süße Spiel* .. 201
Picasso: Sylvette im Sessel 8
Pirol, Fuchs und Mistel-
 strauch klagen am Weg .. 228
Präpositiv konjunkt oder Die
 neue Romantik 114
Prometheus oder Das Ende
 vom Lied 83
Protokoll 47
Protokollnotiz 127
Ragueneaus Backlied 209
Rassel, rassel, rassel! 194
Rat zu üben 73
(Rede des Kapitäns) 70
Reden, heißt es, ist Silber, Gold

Schweigen; seit Feinmetall knapp ist 56
Reden, weiß man, ist Silber, Gold Schweigen; wie baun Weise Datschen? 56
Richard III. 65
Rings dorrten Fluren bis zum Horizont 135
»Sahen Sie A.s neustes Stück?« »Eben gestern.« »Ja prachtvoll! wie ist es?« 79
Sand Sand Gespräche wo ist eine Glocke 89
Satterdings, bei mildem Winde . 118
Schattenbäume wachsen 198
Schenkern 158
Schlaf, mein Lamm, schlaf 193
Schlag, den neuen Tag zu feiern 209
Schlief ein Drache groß und heiß 222
Schnurre, Rädchen, früh vorm Tau 220
Schön ist der Tag 175
Schulden dir was die Herren oder Großen 53
Schwarzes Meer 134
Schweigen ist Gold; da es unwahrscheinlich, doch immerhin möglich 56
Schwimmen bei Pizunda 39
Schwitzend im Traum: Er sah, sein Standbild schmolz 69
Sechs Sprüche aus dem Stück »Das Feuerzeug« 53
Sechsstimmiger Kanon (quasi Rondo) 150
Sechsundzwanzig junge Tanten 159
Serenissimo G. G. angesichts der Weltläufte 156
Sewán 22
Sich Reckende 33
Sie hatte zwei Tannennadeln am Bauch 163
»Sie mich, ich sie umfangend, wars, ich rollte ...« 112
Sie schrie, kaum daß ich da war.
Wenn ihr Mund 27
Sieben Prinzen 226
Sieben Skat-Spiele darüber, was ein Renegat sei. Mit einem Nachklapp 138
»So, Generale«, sagt mein Freund M., »leicht zweifelnd zwar ahnten ...« 78
»›So‹, sagte der Postbotenhelfer Maik Wohlrabe ...« 96
Sommersprossig, ein Waldbrand, sie küßt nur 25
Sonett 26
Sonett der Hexe 167
Sopran solo mit Quintett 150
Soziologie des Witzes 60
Spinnweb hieß der erste Elf 225
Steht denn ein Komet überm Dorf? 149
Sterbelager preußisch 108
Stets in der Mitte im Zug der Geschichte: Es ist 109
Strophe über Geduld 183
Strophe über Ökonomie oder die Lehre 182
Strophe vom Hahn 181
Sylvette, angetan mit ihrer Haut .. 8
Tod der Dichter 63
Tragödien erzählt 66
Trinken laßt uns, Freunde, trinken 202
Trinkspruch 49
Tritt ein durchs Aug ins Herz, das nimmerleere 86
Trochäisch 146
Und als die siebente Stunde Frühe schlug 26
Unsre Enkel werden uns dann fragen 11
Unter dem Himmel 144
Verkehrte Welt 262
Vers mit gutem Ausgang ... 265
Verwunden läßt sich Feigling und Idiot 53
Vier Nachdichtungen aus Petrarca 84

Vom Räuberchen, dem Rock
und dem Ziegenbock 263
Vom Uhu 252
Vom Wind 259
*Von Mord zu Mord der Weg nach
oben, oben* 65
*Vor man mich eines Fehltritts über-
führt* 69
Vortrag Aufbau-Verlag 54
Wagenbach, die Flüssigkeiten
und der Tod 155
Wandvers 41
*Was bleibt dem Mensch in aller-
schlimmster Zeit?* 53
*Was dauert, stiften jüngstens die
Notare* 137
Was wird man mich fragen 177
Was, wenn wir trinken 63
Weg in Signachi 29
*Weib schön und falsch, für die ich
soviel zahl* 211
Weltgeschichte 82
*Wenn ich mein rotes Mützchen
hab* 257
*Wenn ihr unsre Ungeduld
bedauert* 12
Wenn Mai ist, soll Mai sein 49
»Wer frißt wen?« 182
*Wer liebt das Volk? Die nicht
das Volk sind. Oben* 82
*Wer sächsisch redet kann auch
sächsisch denken* 93
*Wer wes wem wen? die alten
Fragen bleiben* 69
*Wie am Wäldchen, hinterm
Wäldchen* 205
*Wie auch im Krieg der Kugeln
Wind mag wehen* 53
*Wie Filz die Tage kratzen. Gelb
mein Mund* 47
*Wie sie sich giften, daß ich gut
zu Fuß bin* 128
*Wie Unsinn Sinn wird, ist
des Sinns Geheimnis.* 69
*Winters, sommers. Ein Blick in
die Zeitung* 31

*Wo aber viele falln, falln manche
weich. Leiber* 110
*Wo ein Elch im Nordlicht
scharrt* 227
*Wo ein Wasser ist, muß ein
Abwasser rein* 42
Wohl aus des Himmels Tore ... 168
*Wolltest du ich sein wie ich du
bin: Wäre* 90
*Worte im Wolf? da muß wer sein,
der dreht* 69
Wünschen Neujahr 1977 61
Würdigung 43
*Wußte ich, vielen würden einst
so teuer* 87
*Xenion mit sächsischen Inter-
jektionen* 142
*Zahlt nur den Dichtern kein
Geld, dann die, im Hui! wie
die Teufel* 103
*Zarte Gedungene, küßt du mir
die Lippen?* 102
*Zehntausend homepages online
zur Frage, wo Ost, West, Nord,
Süd sei* 144
Zeichnung 18
*Zupackend tändeln, tändelnd
fassen: Lassen* 116
Zwei Distichen über Theater . 79
Zweites Trinklied 202
Zweiundzwanzig Bäckerinnen . 169
Zwischen Cis- und Transzendenz 157
Zwölfklangs Lied 188
*Zwölfklangs Lied vorm Richt-
block* 190
*Zwölfklangs Lied zum
Abschied* 198

Inhalt

Ausflug machen *Gedichte 1959–1979*	5
Picasso: Sylvette im Sessel	8
Alte Kisten	9
Ausflug machen	10
2005	11
Meinen Freunden, den alten Genossen	12
Gespräch	13
Empfang in meiner Heimatstadt	14
Zeichnung	18
Auszog das Fürchten zu lernen	19
Sewán	22
Auf	25
Sonett	26
Ballade	27
Gagra abends	28
Weg in Signachi	29
Geräusche	30
Sich Reckende	33
Lenin 1918	34
Aufschub	37
Aufzeichnung	38
Schwimmen bei Pizunda	39
Auf Georg Maurer	40
Wandvers	41
Imperialistenlogik	42
Würdigung	43
Aussicht	46
Protokoll	47
Notiz zu Chile	48
Trinkspruch	49
Ernste Mahnung 75	50
Lied der Kinder	52
Sechs Sprüche aus dem Stück »Das Feuerzeug«	53

Vortrag Aufbau-Verlag	54
Fünf Distichen	56
Kindsmarauli	57
Soziologie des Witzes	60
Wünschen Neujahr 1977	61
Gedächtnis Mandelstams	62
Tod der Dichter	63
Lehre Pascals	64
Richard III.	65
Tragödien erzählt	66
Begräbnis des Vaters	67
Die Zunge	68
Nonsens-Verse	69
Der Untergang	70
Im Stil Tu Fus	71
Herr und Hund	72
Rat zu üben	73
Kunst in Mark Brandenburg *Gedichte 1979–1987*	75
Gesehen, gehört	77
Luxushotelbrand Saragossa 1979	78
Zwei Distichen über Theater	79
Glockenblumen	80
Im Ton Mandelstams	81
Weltgeschichte	82
Prometheus oder Das Ende vom Lied	83
Vier Nachdichtungen aus Petrarca	84
Canzone XXXIV	84
Canzone LXVII	85
Canzone XCIV	86
Canzone CCXCIII	87
Negentropie	88
Mathematisch	89
Im Maß Petrarcas	90
Kunst in Mark Brandenburg	91
Nebel	92
Etüde	93

Memorial 94
Glückliche Fügung 96
Lage am See 98
Claudine oder Die Weltläufte 99
Homo habilis novus 100
Nux rerum impatiens 101
Petrarca nördlich versetzt 102
Ökonomie 103
Erklärung zu Vorigem 104
Bescheid zu Vor- und Vorvorigem 105
Der Tausch 106
Sterbelager preußisch 108
Die Tangentialen 109
G. folgend 111
Die Zerreißung 112
Fast Food Country 113
Präpositiv konjunkt oder Die neue Romantik ... 114
Petzow I oder Die Rücksicht 115
Die Dialektik 116
Der Pöbel 117
Chorisches Lied 118
Das Fenster 119
Petzow II 120

Ich-Soll 1991 121

Petrarca hat Malven im Garten und beschweigt
die Welträtsel *Gedichte 1996–2003* 125
Protokollnotiz 127
Petrarca auf dem Weg ins Exil 128
Petrarca, auf dem Weg über die Alpen,
bedenkt seinen Husten 129
Petrarca lobt sein Mönchshabit 130
Petrarca, nach Lektüre der Journale,
braucht einen Kompaß 131
Petrarca, am Schreibtisch, sonettiert seiner
Gespielin 132

Petrarca hat Malven im Garten, und
beschweigt die Welträtsel 133
Schwarzes Meer 134
Die Zwei Götter im Ochsen 135
Das Abendessen 137
Sieben Skat-Spiele darüber, was ein Renegat
sei. Mit einem Nachklapp 138
Analyst Sir W. wirft zwei Klimmer von der
Verandatreppe 139
Bewältigers Morgengebet 140
Petrarca mürrisch 141
Xenion mit sächsischen Interjektionen 142
Dom Pjotr 143
Drei Nachwende-Xenien 144
Ende der Geschichte 145
Trochäisch 146

Kleine Herbstmotette 147

Adressen an Jubilare 151
  Dialogisches Distichen-Septett über den Satz,
  Marquardt trage zu Recht seinen Namen 153
  Nachspruch 154
  Wagenbach, die Flüssigkeiten und der Tod 155
  Serenissimo G. G. angesichts der Weltläufte 156
  Distichon und Nachhak 157
  Schenkern 158
  La Follia oder Die Vokale bleiben am Ende 159

Reglindis *Lieder 1963–1979* 161
Lieder von Personen aus Stücken 162
  Morgenlied des Soldaten (Reglindis) 163
  Anderes Morgenlied des Soldaten 164
  Lied des Landstreichers von der Maus 165
  Lied der Hexe 166
  Sonett der Hexe 167
  Lied des Pfarrers vor Mittag 168

Lied des Landstreichers von den
zweiundzwanzig Bäckerinnen 169
Lied der Prinzessin 170
Aufbruchslied des Soldaten 171
Lied des Landstreichers beim Trinken 172
Grüne Rose, rote Rose 173
Lied der Frau 174
Ballade von den einundzwanzig Räubern 175
Lied des Dichters 177
Lieder für Kinder 179
Lied vom Hutkaufen 179
Lied von der Kartoffel 180
Strophe vom Hahn 181
Strophe über Ökonomie oder die Lehre 182
»Wer frißt wen?« 182
Strophe über Geduld 183
Lied des Hofgelehrten 184
Lied der Wächter im Land Bum-bum 185
Lied des Bettlers 186
Hymne der Bum-bumer 187
Zwölfklangs Lied 188
Lied des Spions 189
Zwölfklangs Lied vorm Richtblock 190
Lied des Musikanten 191
Lied des Spielmanns an die Lärchen 192
Pacas Lied für die Puppe 193
Lied der gepanzerten Wächter 194
Lied von Zwölfklangs Freunden 195
Lied des jungen Paars 196
Lied auf einer Wiese 197
Zwölfklangs Lied zum Abschied 198
Lieder aus anderen Sprachen 200
Lied des Monsieur Jourdain 200
Erstes Trinklied 201
Zweites Trinklied 202
Die Schäferin 203
Hinterm Wäldchen 205

Das Fischerboot	206
Meg Merrilies	207
Cyranos Fechtballade	208
Ragueneaus Backlied	209
Lied der Gascogner Kadetten	210
Ballade an seine Geliebte	211
Ahorn	212

Anna Katarina oder Die Nacht am Moorbusch
*Eine sächsische Schauerballade nebst dreizehn sanften
Liedern und einem tiefgründigen Gespräch* 217
Anna Katarina oder Die Nacht am Moorbusch 219
Dreizehn sanfte Lieder aus dem Sächsischen 223
   Lied allein 219
   Hinterm Brombeerstrauch 220
   Geselliges Lied 221
   Goldmaries Lied 222
   Lied dreier Heerhaufen 223
   Lied beim Gänsehüten 224
   Lied zu Johannis 225
   Sieben Prinzen 226
   Pfänderlied zu Neujahr 227
   Pirol, Fuchs und Mistelstrauch klagen am Weg . 228
   Lied nach der Bewirtung 229
   Lied des Malers 230
   Hasenkanon 231
Gespräch mit Rainer Kirsch 237

Zwölf Gedichte für Kinder 249
   Die flandrischen Flundern 251
   Vom Uhu 252
   Die Wanderratte 253
   Die sächsischen Hexen 254
   Katrinchen 256
   Das rote Mützchen 257
   Vom Wind 259
   Der Storch Langbein 260

Verkehrte Welt 262
Vom Räuberchen, dem Rock und dem
Ziegenbock 263
Vers mit gutem Ausgang 265
Fürsorglich 266

Editorische Notiz 269

Alphabetisches Verzeichnis der Gedichttitel
und -anfänge 271

Werke · Überblick

Band 1
Gedichte & Lieder
Ausflug machen, Gedichte 1959-1979
Kunst in Mark Brandenburg, Gedichte 1979-1987
Ich-Soll 1991
Petrarca hat Malven im Garten, Gedichte 1996-2003
Kleine Herbstmotette
Adressen an Jubilare
Reglindis, Lieder 1963-1979
Anna Katarina oder Die Nacht am Moorbusch
Gedichte für Kinder

Band 2
Erzählungen & Porträts
Sauna oder Die fernherwirkende Trübung, Erzählungen
Kopien nach Originalen, Porträts und Reportage
Die Perlen der grünen Nixe

Band 3
Stücke & Libretti
Der Soldat und das Feuerzeug
Heinrich Schlaghands Höllenfahrt
Von einem, der auszog, das Fürchten zu lernen
Das Land Bum-bum
Münchhausen
Frau Holle
Der Mehrzweckschreibtisch

Band 4
Essays & Gespräche
Das Wort und seine Strahlung
Amt des Dichters
Die Talare der Gottesgelehrten

Autor und Verlag danken für Zuwendungen, die
die Werkausgabe ermöglichen halfen, der Akademie der Künste
Berlin sowie den Herren Konrad Franke, München,
Peter Gosse, Leipzig, Dr. Jochen Halbig, Todenwarth,
Prof. Dr. Wolfgang Kirsch, Röblingen am See,
Eberhard Kleinschmidt, Berlin, Dieter Schlenstedt, Berlin,
Andreas Wessel, Berlin, und Gerhard Wolf, Berlin.

ISBN 3-359-01494-4
(für alle vier Bände)

© 2004 Eulenspiegel · Das Neue Berlin Verlags-
gesellschaft mbH & Co. KG
Rosa-Luxemburg-Str. 39, 10178 Berlin
Umschlagentwurf: Peperoni Werbeagentur, Berlin
Druck und Bindung: Salzland Druck Staßfurt

Die Bücher des Eulenspiegel Verlags
erscheinen in der Eulenspiegel Verlagsgruppe.

www.eulenspiegel-verlag.de